SAINT PAUL, JUIF ET APÔTRE DES NATIONS

ISBN 978-2-84573-760-0

Conférences de Carême à Notre-Dame de Paris

SAINT PAUL, JUIF ET APÔTRE DES NATIONS

Parole et Silence

Avant-propos

CARDINAL ANDRÉ VINGT-TROIS

Le 29 juin 2008, le pape Benoît XVI a annoncé une année jubilaire en l'honneur de saint Paul. Le diocèse de Paris a tout naturellement choisi de lui consacrer l'ensemble des conférences de Carême 2009.

La figure immense de celui qui fut très tôt appelé *l'Apôtre* est familière des chrétiens. Son accès est cependant jugé difficile. La liturgie dominicale fait entendre à tous de larges extraits des fameuses Épîtres, parties intégrantes de l'Écriture sainte. Mais combien de fidèles ont fait l'expérience de lire entièrement l'une ou l'autre de ces Épîtres ?

Paul ne s'adressait pourtant pas à des intellectuels. Ses lecteurs étaient des hommes et des femmes, souvent de milieux simples, d'abord désireux de mieux vivre leur foi en connaissant mieux Jésus Christ. Ce qui frappe, d'ailleurs, en le lisant, ce n'est pas d'abord la densité de la pensée, mais le ton qu'il y met, sa manière de s'engager tout entier dans ce qu'il enseigne ou dans la résolution des problèmes concrets qui furent presque toujours l'occasion de ses lettres.

Lire saint Paul est immédiatement stimulant, parce que c'est aussitôt rencontrer une personne vivante, qui ne cesse de témoigner du sens effectif, agissant, de sa propre conversion et qui met toute son énergie à nous convaincre de faire de même.

En donnant la parole à des historiens, à des philosophes, et à des théologiens chrétiens de différentes confessions, les conférences rassemblées dans ce recueil ne disent finalement pas autre chose.

Paul intéresse, aujourd'hui, de plus en plus, et bien au-delà du cercle des fidèles et des théologiens. Nous ne saurions oublier d'où lui vient ce trésor incomparable qu'il laisse à l'humanité : vivre pour saint Paul, c'est vivre dans le Christ.

Que dans la marche vers Pâques, les jalons posés par ces contributions de chaque dimanche, conduisent chacun, comme sur le chemin de Damas, à vivre la rencontre décisive : celle du Ressuscité.

Dimanche 1er mars 2009

Paul, fondateur du christianisme ?

M. Alain Decaux

« Je suis juif, de Tarse en Cilicie, citoyen d'une ville qui n'est pas sans renom. »

Ainsi s'exprime, en l'an 51 de notre ère, Saul de Tarse qui choisira plus tard de s'appeler Paul et dont les croyants ont fait un saint.

Familier de la messe du dimanche, il m'a fallu du temps pour que me frappe le choix des textes soumis aux fidèles : d'abord un extrait de la Bible hébraïque. Ensuite un psaume provenant également de celle-ci. Vient alors le plus souvent une épître de saint Paul. Enfin – et au sommet – la lecture de l'Évangile.

De tous ces textes, les auteurs sont juifs.

« Circoncis le huitième jour, de la race d'Israël, de la tribu de Benjamin, Hébreu fils d'Hébreux ; pour la Loi, Pharisien. » Ainsi se définit saint Paul dans l'*Épître aux Philippiens* (3,5).

Pour André Chouraqui, écrivain juif récemment disparu dont on a toujours salué l'honnêteté intellectuelle, « Schaoul de Tarse, Paul, l'apôtre juif des Gentils, est sans doute le plus puissant génie juif de son temps. »

Que Chouraqui, dans l'au-delà où il se trouve, veuille bien admettre que Paul est aussi le plus puissant génie chrétien de son temps.

Impossible de douter que l'hébreu, appris sur les genoux de sa mère, ait été sa première langue. Il en a parlé très tôt une deuxième : le grec, celle dont usaient alors presque tous les peuples du bassin méditerranéen. Les puristes qui ont scruté ses Épîtres n'y ont trouvé aucune de ces tournures affectées qui révèlent une langue apprise avec effort. Le grec de Paul coule de source.

Quand il s'adressera au peuple de Jérusalem, il dira : « Né à Tarse en Cilicie, j'ai cependant été élevé dans la ville que voici et c'est aux pieds de Gamaliel que j'ai été formé à l'exacte observance de la loi de nos pères. » À ce Gamaliel, illustre rabbin et chef d'école surnommé par les siens Rabban, titre plus honorifique que celui de Rab ou Rabbi, on attribue nombre d'invitations à la tolérance.

Que Paul, issu de cet enseignement, se soit mis, dans la même ville, à harceler cruellement les chrétiens de la première génération ne peut qu'étonner. Quand on lapide saint Étienne, il accompagne hors les murs les bourreaux armés de pierres destinées à être projetées sur leur proie. Tenant à opérer à leur aise, il les voit se dépouiller de leurs vêtements et les jeter à ses propres pieds. On trouve dans les *Actes des Apôtres* de Luc ce jugement terrifiant : « Il était de ceux qui approuvaient ce meurtre. »

Au lendemain de cette mise à mort, éclate contre les chrétiens de Jérusalem ce que le même Luc appelle

« une violente persécution ». Aux yeux de Saul, les chrétiens sont devenus des ennemis à abattre. Vingt ans plus tard, on trouvera cet aveu dans l'Épître qu'il adressera aux Galates : « Vous avez certes entendu parler de mon comportement naguère dans le judaïsme : avec quelle frénésie je persécutais l'Église de Dieu ! »

Ce souvenir laissera Paul littéralement anéanti. Il y reviendra à cinq reprises dans ses Épîtres. Luc renchérira : « Quant à Saul, il ravageait l'Église ; il pénétrait dans les maisons, en arrachait hommes et femmes et les jetait en prison. »

Notre angoisse s'accroît quand Luc cite cette phrase de Paul : « *J'ai persécuté à mort cette Voie.* »

À mort ?

C'est afin de se livrer à d'autres persécutions que Saul se met en route pour Damas. Qui ne connaît la suite ? Jésus lui apparaît, lui parle. Il s'évanouit. C'est un aveugle que l'on relève. On le traîne jusqu'à Damas. Quand il retrouve la vue, un chrétien nommé Ananias lui donne le baptême.

Après sa résurrection d'entre les morts, Jésus s'est manifesté à plusieurs reprises. Paul énumère les privilégiés dans sa *Première Épître aux Corinthiens* : « Il est apparu à Pierre puis aux Douze… Ensuite, il est apparu à Jacques, puis à tous les apôtres. En tout dernier lieu, il m'est apparu à moi, l'avorton. Car je suis le plus petit des apôtres, moi qui ne suis pas digne d'être appelé apôtre parce que j'ai persécuté l'Église de Dieu. »

Alors que tant d'années ont passé, comment peut-il se considérer comme le dernier ? On serait tenté d'évoquer de sa part un extraordinaire orgueil si lui-même n'expliquait qu'il devait cette faveur à la grâce de Dieu, ajoutant que celle-ci « n'avait pas été vaine » puisqu'elle lui avait permis de devenir ce qu'il était.

Sur un tout autre plan, les écrits de Paul sont d'une importance capitale. Il s'agit du plus ancien témoignage sur la résurrection de Jésus mais aussi de la première source écrite du christianisme. L'*Épître aux Corinthiens* a été rédigée entre les années 55 et 57. Le premier des Évangiles – celui de Marc – sera écrit entre 65 et 70. Marc reprend fidèlement le schéma tracé par Paul. Vers 80, Matthieu et Luc en useront de même.

J'étais adolescent. Dans le cadre de la JEC – Jeunesse étudiante chrétienne –, un abbé nous rassemblait régulièrement pour nous informer de l'histoire du christianisme. Je trouvais cela passionnant. À l'issue de l'une de ces réunions, j'ai fait part à un camarade de la valeur extrême que j'attribuais à Paul. La réponse m'a quasiment figé sur place : « Sais-tu que saint Paul n'a pas connu Jésus ? »

Le métier d'historien tel que je l'ai compris bien plus tard m'a conduit à beaucoup voyager : avant d'écrire, j'aime *voir*. Ainsi ai-je rencontré Paul, devenu argument touristique de premier ordre, dans les lieux qu'il a traversés, où il s'est arrêté, où il a prêché le Christ aux juifs, plus tard aux païens. Ainsi me suis-je imprégné d'images de Paul alors que je me documentais en fait sur d'autres sujets. J'ai connu Thessalonique avant Jérusalem, Éphèse avant Tarse, Rome avant Corinthe. Le jour est heureusement venu où cette hérésie chronologique s'est rompue. Peu à peu j'ai vu surgir un homme immense. Bouleversant par sa foi. Mystique autant que stratège. Presque seul à comprendre que le christianisme n'avait d'avenir qu'en s'adressant aux païens. Déployant sa propre vision du Christ et forgeant les concepts de la théologie chrétienne.

Qu'apprenons-nous de Jésus par Paul? Le plus important, incontestablement, est le récit de la Cène. On y trouve les paroles parvenues jusqu'à nous sous la forme exacte qu'il a proposée: « Voici ce que moi j'ai reçu du Seigneur et ce que je vous ai transmis: le Seigneur Jésus, dans la nuit où il fut livré, prit du pain et, après avoir rendu grâce, il le rompit et dit: *Ceci est mon corps qui est pour vous, faites cela en mémoire de moi.* Il fit de même pour la coupe, après le repas, en disant: *Cette coupe est la nouvelle Alliance en mon sang; faites cela, toutes les fois que vous en boirez, en mémoire de moi.* »

Depuis, chaque fois qu'un prêtre célèbre la messe, c'est grâce aux paroles transmises par Paul que Jésus s'exprime par sa bouche.

Selon Paul, Jésus est « né d'une femme et assujetti à la Loi ». Il est « issu selon la chair de la lignée de David » et il est « mort sur la croix ». D'évidence, c'est à ses yeux l'essentiel. Quant à nous, nous nous demanderons toujours pourquoi il a passé sous silence les pêcheurs du lac de Tibériade, leurs barques et leurs filets, la multiplication des pains, l'aveugle guéri, la résurrection de Lazare, les marchands du Temple. À aucun moment les Épîtres n'évoquent: « Aimez-vous les uns les autres comme je vous ai aimés », « Venez à moi, vous qui souffrez et ployez sous le fardeau », « Heureux les cœurs purs car ils verront Dieu. » Paul ignore même l'ultime supplication de Jésus : « Père, pourquoi m'as-tu abandonné ? »

J'ai toujours admiré l'esprit d'analyse d'Étienne Trocmé, professeur émérite à l'Université Marc-Bloch de Strasbourg. Il voit ainsi Paul : « Une personnalité et une œuvre exceptionnelle, une originalité considérable par rapport à Jésus, l'attribution d'un rôle décisif par les générations suivantes, voilà bien des données qui apportent quelque consistance aux théories qui font de Paul le véritable fondateur du christianisme. »

De quoi veut-il parler ? Voici : Reimarus, érudit allemand du XVIIIe siècle, a soutenu que Paul était *l'inventeur* du christianisme. Au XIXe siècle, Nietzsche préfère le mot *fondateur*. Renan flotte entre les deux. En 1914, Alfred Loisy formule ce jugement lapidaire : « Le Jésus auquel Paul s'est converti n'est pas le prédicateur du Règne de Dieu. ».

Suivrons-nous ceux qui soutiennent cette thèse ?

Je redonne la parole à Étienne Trocmé :

« La réponse à cette question sera un « non » résolu. »

À ce « non » résolu, permettez-moi, en toute modestie, d'ajouter le mien. J'affirme que le mot christianisme ne peut que se rapporter au Christ. Seuls les Évangiles ont recueilli les paroles de Jésus.

Bien sûr, à l'exception de Jean, aucun des évangélistes n'a connu Jésus. Pour vous rassurer, je vous invite à porter votre pensée vers ce jeune homme nommé Marc qui, brûlant d'admiration pour l'apôtre Pierre, l'a suivi tout au long de ses voyages missionnaires, si nombreux qu'on le surnommait : « Pierre qui passait partout. »

Combien de fois Marc a-t-il écouté le récit de Pierre ? On n'ose l'imaginer. À la mort de Pierre, les chrétiens qui entouraient Marc l'ont adjuré de transcrire au plus tôt ce que sa propre mémoire avait enregistré. Il l'a fait. Ce fut le premier Évangile.

Luc, autre évangéliste, affirme avoir écrit « d'après ce que nous ont transmis ceux qui furent dès le début témoins oculaires ».

Quoi qu'en disent certains, la chronologie est mère de l'histoire. Vingt années séparent le temps où Jésus est en vie et celui où Paul commence à écrire ses Épîtres. Vingt ans encore pour que Marc rédige le premier Évangile. De quoi expliquer largement, entre l'enseignement de Jésus et les Épîtres de Paul, des différences sur lesquelles s'appuient obstinément ceux qui croient à la thèse *Paul, fondateur du christianisme.*

Gardons-nous aussi d'oublier les origines de l'un et l'autre. Jésus a exercé longtemps le métier de charpentier. Il est né en Galilée, terre exclusivement juive. Il s'exprime en araméen. Aucun texte ne fait allusion à d'éventuelles études. Il ne rencontre que rarement des étrangers, romains ou autres.

Paul, né dans une famille qui se réclame de sa citoyenneté romaine, appartient à cette Diaspora si fière que des juifs se retrouvent dans toutes les parties du monde connu. À Tarse, port considérable, il croise des gens de toutes nations. Il bénéficie d'études prolongées à Jérusalem.

Peut-on imaginer itinéraires plus contrastés ?

Après son baptême à Damas, Saul s'est éloigné durant trois années en Arabie avant de regagner Jérusalem. Il sait que les apôtres Pierre et Jacques y séjournent. La communauté chrétienne les reconnaît comme guides et inspirateurs. Un certain Barnabé, originaire de Chypre, introduit Saul auprès des deux apôtres.

Quel aspect peut-on lui attribuer au moment de la rencontre ? Faute de portrait officiel, nous sommes contraints de nous référer aux *Actes de Paul*, apocryphe rédigé vers l'an 150. Ceux d'entre vous qui seraient tentés d'attribuer à saint Paul l'éloquence d'un Démosthène et la prestance d'un Moïse ordonnant aux flots de se retirer, ceux-là tomberont de haut en lisant les *Actes de Paul*. « Paul, un homme de petite taille, à la tête dégarnie, les jambes arquées, vigoureux, les sourcils joints, le nez légèrement aquilin. »

Voilà un signalement on ne peut plus précis. Peut-on néanmoins faire confiance à un texte apocryphe ? Willy Rordorf, spécialiste indiscuté des apocryphes, a relevé « les allusions ponctuelles aux *Actes de Paul* fournies par beaucoup d'auteurs tant de l'Orient que de l'Occident ». Au VIe comme au Xe siècle.

Pierre et Jacques répondent aux questions que Saul leur pose. Leur tâche ecclésiale se révélant fort lourde, ils ne peuvent lui accorder beaucoup de temps. D'ailleurs, dans Jérusalem, on commence à reconnaître le persécuteur que nul n'a oublié. Luc ne le dissimule nullement : « Il discutait avec eux ; mais eux cherchaient à le faire périr. » Tous cependant ne lui veulent pas de mal. On le fait partir pour Césarée d'où il regagne Tarse. Il y demeure trois ans auprès de ses parents. Il retrouve le chemin des ateliers où la famille fabrique des tentes. Un jour – ô surprise ! –, Saul voit surgir devant lui ce Barnabé, rencontré naguère lors de sa visite à Pierre et à Jacques. Par lui, il apprend qu'une partie notable des chrétiens hellénistes, fuyant la Ville Sainte après la lapidation d'Étienne, s'est réfugiée à Antioche, cité et port gigantesques au fond de la Méditerranée. Barnabé était du nombre.

Ainsi est née une communauté soucieuse d'abord d'annoncer Jésus aux juifs qui l'ignorent encore. Découvrant ensuite que nombre de païens montrent un intérêt insolite pour la religion d'Abraham, elle s'interroge : ne doit-elle pas aussi faire découvrir Jésus à ces païens ? Entreprise ardue en vérité. Chacun se mobilise. D'évidence, cela ne suffit pas. Il faut recruter. C'est ainsi que Barnabé a songé à cet homme étrange rencontré à Jérusalem et dont on lui a dit qu'il vivait maintenant à Tarse. Il s'y est précipité et a prié instamment Saul de le suivre à Antioche. Saul y a consenti.

À son arrivée, un premier sujet d'étonnement l'attend. Il est de taille ! « C'est à Antioche, pour la première fois, que le nom de *chrétiens* fut donné aux disciples. » Donné par qui ? Par les païens !

Sur la liste des cinq principaux animateurs de la communauté chrétienne d'Antioche, Barnabé occupera bientôt la première place et Saul… la dernière. Ce

Saul qui va être l'objet d'une vision. Se refusant par humilité à s'exprimer à la première personne, il l'évoquera dans sa *Deuxième Épître aux Corinthiens* : « Je connais un homme en Christ qui, voici quatorze ans – était-ce dans son corps ? je ne sais, était-ce hors de son corps ? je ne sais, Dieu le sait – cet homme-là fut enlevé jusqu'au troisième ciel.

« Et je sais que cet homme – était-ce dans son corps ? était-ce sans son corps ? je ne sais, Dieu le sait – cet homme fut enlevé jusqu'au paradis et entendit des paroles inexprimables qu'il n'est pas permis à l'homme de redire. Pour cet homme-là, j'aurai de l'orgueil mais, pour moi, je ne mettrai mon orgueil que dans mes faiblesses. [...] Car lorsque je suis faible, c'est alors que je suis fort. »

Cette vision sera loin d'être unique. Un jour où Barnabé, Syméon, Lucius de Cyrène, Manaen et Saul sont réunis pour célébrer le culte du Seigneur, ils perçoivent ensemble un ordre qu'ils sentent venu d'ailleurs : *Réservez-moi donc Barnabé et Saul pour l'œuvre à laquelle je les destine.* Ouvrons encore les *Actes des Apôtres* : « Alors, après avoir jeûné et prié et leur avoir imposé les mains, Syméon, Lucius et Manaen leur donnèrent congé. Se trouvant ainsi envoyés en mission par le Saint Esprit, Barnabas et Saul descendirent à Séleucie d'où ils firent voile vers Chypre. »

À peine y ont-ils débarqué qu'ils imaginent une tactique : ils vont, le jour du sabbat, se rendre d'une synagogue à l'autre afin d'y annoncer Jésus. Paradoxe ? Nullement. Ailleurs, qui aurait voulu les entendre ? Or une tradition très ancienne veut que les juifs reçoivent avec empressement d'autres juifs en voyage et, d'eux-mêmes, les invitent à prendre la parole. Barnabé parle le premier et privilégie l'image de ce Jésus qui a choisi de mourir pour sauver tous les hommes.

Quand Saul lui succède, sa tâche est loin d'être aisée. Il éprouve peu de confiance dans ses moyens oratoires : il reconnaît lui-même, dans l'une de ses Épîtres, que « sa parole est nulle ». Il lui revient pourtant de démontrer que ce Jésus dont il parle est le Fils de Dieu et en même temps Dieu lui-même. Il souligne les passages de la Bible qui annoncent la venue d'un Messie. Il affirme qu'ils s'appliquent très exactement à la personne de Jésus.

Parfois on écoute sans hostilité les deux hommes, d'autres fois on les injurie, on les frappe, on les menace de mort. Ils persistent. C'est à la fin du séjour à Chypre que Saul choisit de devenir Paul.

Les véritables conversions viendront surtout quand Paul et Barnabé quitteront Chypre pour l'Anatolie. Débarquant à Attaleia – aujourd'hui Antalya –, ils iront de villages en villages, de villes en villes. Malgré la barrière du langage, les gens du cru demandent à être mieux informés sur le Dieu vivant dont on les entretient. Deux femmes sont les premières à réclamer le baptême. Les conversions qui se multiplient soulèvent la colère des juifs, nombreux dans la région. Ils accourent pour dénoncer les magiciens. Du coup, la foule se retourne. Elle se saisit de Paul et le jette à terre. Les plus furieux ramassent des pierres qu'ils lancent sur lui en avalanche. Quand ils voient Paul face contre terre et totalement inanimé, ils le croient mort. Prévenus par Barnabé, les récents chrétiens convertis accourent à leur tour et constatent que le cœur de Paul bat toujours. La tête est intacte. On le porte dans une demeure accueillante où l'on soignera ses blessures. À peine remis, il reprend sa route.

Désormais, il préférera s'installer pour quelques jours en un lieu déterminé. Ailleurs, comme à Corinthe, il pourra rester dix-huit mois. Aux convertis qu'il a laissés derrière lui, il adresse les fameuses Épîtres. Dans la *Première Épître aux Corinthiens*, on trouve ces lignes qui toujours bouleverseront les chrétiens : « Quand je parlerais en langues, celle des hommes et celle des anges, s'il me manque l'amour, je suis un métal qui résonne, une cymbale qui retentit.

« Quand j'aurais le don de prophétie, la science de tous les mystères et de toute la connaissance, quand j'aurais la foi la plus totale, celle qui transporte les montagnes, s'il me manque l'amour, je ne suis rien. »

Même en prison, il écrit toujours, il convertit toujours. Immense se révélera l'influence des Épîtres, en particulier celle qu'il adressera aux Romains.

Lors d'un premier retour à Antioche, Paul et Barnabé trouvent leurs frères chrétiens toujours en débat sur la façon dont il faut convertir les païens. Deux camps s'obstinent : le premier affirme qu'un païen, pour obtenir le baptême chrétien, doit d'abord se faire juif et donc subir la circoncision. Le second nie qu'une telle exigence soit nécessaire.

Paul se réclame avec force de la « liberté qui vient de Jésus ». Pour lui, le baptême doit suffire à créer des chrétiens. Afin d'en convaincre l'élite de l'Église, toujours en compagnie de Barnabé, il gagne Jérusalem pour rencontrer Pierre, Jacques et Jean. À la grande surprise de beaucoup, Pierre soutient le point de vue de Paul. Jacques également qui déclare : « Je suis d'avis de ne pas accumuler les obstacles devant ceux des païens qui se tournent vers Dieu. » Voilà qui balaie les hésitations. Les païens deviendront chrétiens sans autre forme de procès.

Quant à Paul, il n'a qu'une hâte : repartir vers les Églises qu'il a mises en place et dont il brûle de savoir ce qu'elles sont devenues. Barnabé, lui, ne le souhaite pas. D'évidence la belle entente est achevée. Impossible de partir seul. Paul va s'adjoindre Silas, juif de Palestine. Un bonheur absolu l'attend : les convertis de l'année précédente sont restés chrétiens.

En route, un médecin rejoint Paul de temps à autre, et l'accompagne un moment avant de rentrer chez lui. Il se nomme Luc. Déjà chrétien quand il a rencontré Paul, il s'est pris d'une telle admiration pour lui qu'il va, dans les *Actes* qu'il écrira, lui accorder une place presque démesurée. C'est à Luc que nous devons les informations les plus précieuses sur leurs voyages. Par exemple : « Prenant la mer à Troas, nous avons mis le cap directement sur Samothrace. » Comprenons que c'est à Troie que Paul s'est embarqué pour traverser la mer Égée. Si les notions géographiques d'aujourd'hui avaient existé à l'époque, nous dirions qu'il a voulu passer d'Asie en Europe.

Du christianisme, Paul est devenu l'architecte. C'est à lui-même qu'on doit ce mot. Écoutez-le : « Selon la grâce que Dieu m'a donnée, comme un bon architecte, j'ai posé le fondement... Mais que chacun prenne garde à la manière dont il bâtit. »

Quand il conçoit, l'architecte est seul. Malgré les Églises que le Tarsiote a fait naître dans les provinces d'Asie, de Galatie, de Macédoine, malgré les foules qui le suivent, Paul est seul. Il a rompu avec Pierre, rompu avec Barnabé, rompu avec l'Église d'Antioche tandis que celle de Jérusalem, furieuse de la quasi indépendance qu'il s'est accordée, ne lui voue plus que de la haine.

Jamais il n'a douté d'avoir raison. À force de le proclamer, le petit homme chauve et barbu qui harangue les impies se hausse à leurs yeux tel un géant. Quand il expose sa doctrine de la justification par la foi, quand il répète : « Celui qui est juste par la foi vivra », on l'écoute. Quand il proclame : « Les dons et l'appel de Dieu sont irrévocables ! », on l'entend.

Pascal ne voulait croire qu'aux histoires « dont les témoins se feraient égorger ». Paul est l'un de ces témoins-là. Il s'expose délibérément à la prison, à la torture, à la mort.

Prisonnier à Césarée du procurateur romain, il risque le tout pour le tout en faisant jouer l'appel à l'empereur auquel il a droit. Transporté par mer avec d'autres prisonniers, il échappe à un naufrage, gagne enchaîné la capitale de l'Empire. Après une longue attente, il comparaît devant Néron qui le condamne. Il sera décapité.

Qui pourrait lire sans émotion les paroles que les premières Églises, à chaque anniversaire de la mort de Paul, répétaient fidèlement : « Il se leva, se tourna vers l'Orient et pria longtemps en ces termes : « Père, je remets mon esprit entre Tes mains. » Puis il tendit son cou sans prononcer un mot de plus. »

Vingt siècles après son martyre, Paul marche toujours sur nos chemins. Immuable fou de Dieu, il annonce la réconciliation des hommes avec les hommes et de chacun avec soi-même.

Ses Épîtres inscrivent son message dans l'éternité. Nul n'oubliera jamais les paroles qu'il a lui-même prononcées après avoir conduit à Dieu tant d'hommes et de femmes :

« J'ai combattu le bon combat, j'ai achevé la course, j'ai gardé la foi. »

Dimanche 8 mars 2009

Le Messie

M. Giorgio Agamben

Père Eric Morin

L'Église et le Royaume

M. GIORGIO AGAMBEN

L'adresse de l'un des textes les plus anciens de la tradition ecclésiastique, la lettre de Clément aux Corinthiens, commence par ces mots : « L'Église de Dieu en séjour à Rome à l'Église de Dieu en séjour à Corinthe ». Le mot grec *paroikousa*, que j'ai traduit « en séjour », désigne le séjour de l'exilé, du colon ou de l'étranger par opposition a l'habitation à demeure du citoyen, qui se dit en grec *katoikein*. Je voudrais reprendre cette formule pour m'adresser ici et maintenant à l'Église de Dieu, en séjour ou en exil à Paris. Pourquoi choisir cette formule ? C'est que le sujet de ma conférence est le messie et *paroikein*, vivre en séjour, est la définition même de l'habitation du chrétien dans le monde et de son expérience du temps messianique.

C'est un terme technique, ou quasi technique, car la *Première lettre de Pierre* (1,17) appelle le temps de l'Église *ho chronos tes paroikias*, le temps de la paroisse, pourrait-on traduire, si l'on se souvient que paroisse ici signifie encore « séjour en étranger ».

Le terme « séjour » n'implique rien quant à sa durée chronologique. Le séjour de l'Église sur la terre peut durer – et il a de fait duré – des siècles et des millénaires, sans que cela change en rien la nature particulière de son expérience messianique du temps. Je tiens à souligner cela, contre une opinion que l'on trouve souvent répétée par les théologiens, au sujet du prétendu « retard de la parousie ». Selon cette opinion, qui m'a toujours paru presque un blasphème, quand la communauté chrétienne des origines, qui attendait le retour du messie et la fin des temps comme imminentes, s'est rendue compte qu'il y avait là un retard dont on ne voyait pas le terme, elle aurait alors changé son orientation pour se donner une organisation institutionnelle et juridique stable. C'est-à-dire qu'elle a cessé de *paroikein*, de séjourner en étrangère et s'est disposée à *katoikein*, à habiter en citoyenne comme toutes les autres institutions de ce monde.

Si cela était vrai, cela impliquerait que l'Église aurait perdu l'expérience du temps messianique qui lui est consubstantielle. Le temps du messie, nous le verrons, n'est pas une durée chronologique, mais, avant tout, une transformation qualitative du temps vécu. Et, dans ce temps, quelque chose comme un retard chronologique – comme on dit d'un train qu'il est en retard – n'est même pas concevable. Tout comme l'expérience du temps messianique est telle qu'il est impossible de l'habiter à demeure, de même quelque chose comme un retard ne saurait s'y produire. C'est ce que Paul rappelle aux Thessaloniciens (I, 5,1-2) : « quant aux temps et aux moments, de cela il ne faut pas que je vous écrive. Le jour du Seigneur vient comme un voleur, la nuit. » « Vient (*erchetai*) » est au présent, tout comme le messie est appelé dans les évangiles *ho erchomenos*, celui qui vient, qui ne cesse de venir. Un philosophe du XXe siècle, qui avait entendu la leçon de Paul, le répète à sa façon : « chaque jour, chaque instant est la petite porte par laquelle le messie entre ».

C'est donc de la structure de ce temps, qui est le temps du messie, tel que Paul le décrit, que je voudrais vous parler. Or, un premier malentendu qu'il faut éviter à ce sujet, est de confondre le temps, le message messianique concernant le temps et le message apocalyptique. L'apocalyptique se situe au dernier jour, au jour de la colère : il voit la fin du temps et il décrit ce qu'il voit. Le temps que vit l'apôtre, au contraire, n'est pas la fin du temps. Si l'on voulait exprimer par une formule la différence entre le messianique et l'apocalyptique, je crois qu'il faudrait dire que le messianique n'est pas la fin du temps, mais le temps de la fin. Messianique n'est pas la fin du temps, mais la relation de chaque instant, de chaque *kairos*, avec la fin du temps et l'éternité. Ainsi, ce qui intéresse Paul, ce n'est pas le dernier jour, l'instant dans lequel le temps finit, mais le temps qui se contracte et qui commence à finir. Ou, si vous préférez, le temps qui reste entre le temps et sa fin.

La tradition juive connaissait la distinction entre deux temps ou deux mondes : le *olam hazzeh*, c'est-à-dire le temps qui va de la création du monde jusqu'à sa fin, et le *olam habba*, le temps qui vient après la fin du monde. Ces deux termes, dans leur traduction grecque, sont présents dans le texte des Épîtres. Mais le temps messianique, le temps que l'Apôtre vit et qui seul l'intéresse, ce n'est ni le *olam hazzeh* ni le *olam habba,* c'est le temps qui reste entre ces deux temps, lorsqu'on divise le temps par la césure de l'événement messianique (qui, pour Paul, est la résurrection).

Comment pouvons-nous nous représenter ce temps ? Apparemment, si on le transpose géométriquement comme un segment sur une ligne, la définition que je viens de donner – le temps qui reste entre la résurrection et la fin du temps – ne fait pas de difficultés. Mais il en va tout autrement si on essaie de la penser sur le plan de l'expérience du temps qu'elle implique. Car il va de soi que vivre dans le « temps qui reste » ou vivre le « temps de la fin » ne peuvent que signifier une transformation radicale de l'expérience et aussi de la représentation habituelle du temps. Ce n'est plus la ligne homogène et infinie du temps chronologique profane (représentable mais vide de toute expérience), ni l'instant ponctuel et tout aussi impensable de sa fin. Ce n'est pas non plus un simple segment prélevé sur le temps chronologique et qui irait de la résurrection à la fin du temps. C'est un temps qui pousse à l'intérieur du temps chronologique, qui le travaille et le transforme de l'intérieur. C'est, d'une part, le temps que le temps met pour finir, mais de l'autre, le temps qui nous reste, le temps dont nous avons besoin pour faire finir le temps, pour venir à bout, pour nous libérer de notre représentation ordinaire du temps. Alors que celle-ci, en tant que temps *dans lequel* nous croyons être, nous sépare de ce que nous sommes et nous transforme en spectateurs impuissants de nous-mêmes, le temps du messie au contraire, en tant que temps opératif (*kairos*) dans lequel nous saisissons pour la première fois le temps (le *chronos*), est le temps *que* nous sommes nous-mêmes. Il est clair que ce temps n'est pas un autre temps, qui aurait son lieu dans un ailleurs improbable et à venir. C'est, au contraire, le seul temps réel, le seul temps que nous ayons. Et faire l'expérience de ce temps implique une transformation intégrale de nous-mêmes et de notre façon de vivre.

C'est ce que Paul dit dans un passage extraordinaire, qui est peut-être la plus belle définition qu'il ait donnée de la vie messianique (*1 Co* 7) : « Je vous le dis, mes frères, le temps s'est contracté (*ho kairos synestalmenos esti*, le verbe *systello* indique aussi bien le fait d'affaler les voiles que la manière dont un animal se ramasse sur lui-même pour bondir) ; ce qui reste est que ceux qui ont des femmes soient comme n'en ayant pas, et ceux qui pleurent comme non pleurants et ceux qui se réjouissent comme non se réjouissants et ceux qui achètent comme non possédants, et ceux qui usent du monde comme n'en abusant pas. »

Quelques lignes plus tôt, Paul avait dit, à propos de la vocation messianique : « que chacun demeure dans la vocation dans laquelle il a été appelé. Étais-tu esclave au moment de l'appel ? Ne t'en soucie pas ; fais en plutôt usage. » Le *hos me*, le « comme non » nous dit maintenant que le sens dernier de la vocation messianique est d'être la révocation de toute vocation. Tout comme le temps messianique transforme de l'intérieur le temps chronologique, ainsi la vocation messianique, grâce à l'*hos me*, au « comme non », est la révocation de toute vocation, qui change et vide de l'intérieur toute expérience et toute condition factuelle pour les ouvrir à un nouvel usage.

C'est un point important, car il nous permet de penser correctement cette relation entre les choses dernières et les choses avant-dernières qui définit la condition messianique. Est-ce qu'un chrétien peut vivre uniquement des choses dernières ? Un grand théologien protestant, Dietrich Bonhoeffer, a dénoncé la fausse alternative entre radicalisme et compromis, qui consiste dans les deux cas à séparer nettement les réalités dernières et les réalités avant-dernières, c'est-à-dire celles qui définissent notre condition sociale et humaine de tous les jours. Or, comme le temps messianique n'est pas un autre temps, mais une transformation du temps chronologique, de même vivre les choses dernières c'est avant tout vivre autrement les choses avant-dernières. L'eschatologie véritable n'est peut-être qu'une transformation de l'expérience des choses avant-dernières. En tant que les réalités ultimes ont d'abord lieu dans les pénultièmes, celles-ci – contre tout radicalisme – ne sauraient être niées impunément ; mais – pour la même raison et contre toute possibilité de compromis – les choses avant-dernières ne sauraient être invoquées contre les dernières. C'est par le verbe *katargein* – qui ne veut pas dire « détruire », mais rendre inopérant, littéralement « dés-œuvrer » – que Paul exprime la relation entre ce qui est dernier et ce qui ne l'est pas. La réalité dernière désactive, suspend et transforme la réalité avant-dernière, mais c'est pourtant en celle-ci qu'elle se met entièrement en jeu.

Voilà ce qui permet de comprendre la situation propre du Royaume chez Paul. Contre la représentation courante de l'eschatologie, il faut rappeler que le temps du messie ne saurait être pour lui un temps futur. L'expression par laquelle il désigne ce temps est toujours : *ho nyn kairos*, le temps de maintenant. Comme il écrit dans *2 Co* 6,2 : « *idou nyn*, voici maintenant le moment à saisir, voici maintenant le jour du salut ». *Paroikia* et *parousia*, séjour en étranger et présence du messie ont la même structure qui est exprimée en grec par la préposition *para* : celle d'une présence qui distend le temps, d'un *déjà* qui est aussi un *pas encore*, d'un délai qui n'est pas une remise à plus tard, mais un écart et une disjonction à l'intérieur du présent, qui nous permet de saisir le temps.

Vous voyez bien que l'expérience de ce temps n'est donc pas quelque chose que L'Église pourrait choisir de faire ou de ne pas faire. Il n'y a d'Église que dans ce temps et par ce temps.

Qu'en est-il de cette expérience du temps du messie dans l'Église aujourd'hui ? Telle est la question que je suis venu poser ici et maintenant à l'Église de Dieu en séjour à Paris. Car la référence aux choses dernières semble à tel point disparue du discours de l'Église, qu'on a pu dire non sans ironie que l'Église de Rome avait fermé son Bureau eschatologique. Et c'est par une ironie sans doute encore plus amère qu'un théologien français a pu écrire : « On attendait le Royaume et c'est l'Église qui est venue. » C'est une formule saisissante, à laquelle je vous prie de réfléchir.

Après ce que j'ai dit sur la structure du temps messianique, il est clair qu'il ne s'agit pas de reprocher à l'Église le compromis au nom du radicalisme. Il ne s'agit pas non plus, comme l'a fait le plus grand théologien orthodoxe du XIXe siècle, Fiodor Dostoïevski, de présenter l'Église de Rome sous la figure du Grand Inquisiteur.

Il s'agit d'autre chose, c'est-à-dire de la capacité de l'Église de saisir ce que Matthieu 16, 3 appelle les signes du temps, *ta semeia ton kairon*. Quels sont ces signes, que l'Évangile oppose au vain désir de connaître les aspects du ciel? Si l'histoire est pénultième par rapport au Royaume, celui-ci – on l'a vu – a son lieu d'abord et avant tout dans l'histoire. Vivre dans le temps du messie exige donc la capacité de lire les signes de sa présence dans l'histoire, de reconnaître dans son cours la signature de l'économie du salut. Aux yeux des Pères – mais aussi pour les philosophes qui ont réfléchi sur la philosophie de l'histoire, qui est et demeure (même chez Marx) une discipline essentiellement chrétienne – l'histoire se présentait ainsi comme un champ de tensions, parcouru par deux courants opposés : le premier – que Paul, dans un célèbre et énigmatique passage de la deuxième lettre aux Thessaloniciens, appelle *to catechon* – retient et diffère sans cesse la fin du monde tout au long de la ligne du temps chronologique, infinie et homogène ; l'autre qui, en mettant en tension l'origine et la fin, ne cesse d'interrompre et d'achever le temps. Appelons Loi ou État la première polarité, vouée à l'économie, c'est-à-dire au gouvernement infini du monde ; et appelons Messie ou Église la deuxième, dont l'économie – l'économie du salut – est essentiellement finie.

Une communauté humaine ne peut survivre que si ces deux polarités sont co-présentes, si une tension et une relation dialectique demeurent entre elles.

Or c'est justement cette tension qui est aujourd'hui brisée. Au fur et à mesure que la perception de l'économie du salut dans le temps historique s'estompe dans l'Église, on voit l'économie étendre sa domination aveugle et dérisoire sur tous les aspects de la vie sociale.

Du même coup, l'exigence eschatologique que l'Église a délaissée revient sous une forme sécularisée et parodique dans les savoirs profanes, qui semblent rivaliser pour prophétiser dans tous les domaines des catastrophes irréversibles. L'état de crise et d'exception permanente que les gouvernements du monde proclament aujourd'hui est bien la parodie sécularisée de l'ajournement perpétuel du Jugement dernier dans l'histoire de l'Église. À l'éclipse de l'expérience messianique de l'accomplissement de la loi et du temps, correspond une hypertrophie inouïe du droit, qui prétend légiférer sur tout, mais qui trahit par un excès de légalité la perte de toute légitimité véritable. Je le dis ici et maintenant en mesurant mes mots : aujourd'hui il n'y a plus sur terre aucun pouvoir légitime et les puissants du monde sont tous eux-mêmes convaincus d'illégitimité. La judiciarisation et l'économisation intégrale des rapports humains, la confusion entre ce que nous pouvons croire, espérer, aimer et ce que nous sommes tenus de faire ou de ne pas faire, de dire ou de ne pas dire, marque non seulement la crise du droit et des États, mais aussi et surtout celle de l'Église. Car l'Église ne peut vivre qu'en se tenant, en tant qu'institution, en relation immédiate avec la fin de l'Église. Et – il ne faut pas l'oublier – en théologie chrétienne, il n'y a qu'une seule institution qui ne connaîtra pas de fin et de désœuvrement : c'est l'enfer. Là on voit bien, il me semble, que le modèle de la politique d'aujourd'hui qui prétend à une économie infinie du monde, est proprement infernale. Et si l'Église brise sa relation originelle avec la *paroikia*, elle ne peut que se perdre dans le temps.

Voila pourquoi la question que je suis venu poser ici, sans avoir bien sûr pour le faire aucune autorité si ce n'est une habitude obstinée à lire les signes du temps, se résume en celle-ci : l'Église se décidera-t-elle à saisir sa chance historique et à renouer avec sa vocation messianique ? Car le risque est qu'elle soit elle-même entraînée dans la ruine qui menace tous les gouvernements et toutes les institutions de la terre.

Jésus, Messie d'Israël?

Père Éric Morin

Jésus est-il le Messie d'Israël?
Une première lecture des textes de Paul fait penser que pour l'Apôtre des nations ce fut une évidence: les mots Christ ou Messie reviennent constamment sous sa plume. Il ne parle que de Lui et tente de rendre compte page après page de ce qu'est la vie « en Christ ».

Pourtant, la réponse de l'apôtre Paul à cette question a évolué au cours de son itinéraire spirituel. Lorsqu'il était un jeune pharisien, zélé pour la loi, en formation à Jérusalem, il répondait violemment à cette question: « Non! Jésus ne peut être le Messie ». À ses yeux, oser dire, oser envisager qu'un homme crucifié soit le Messie constituait un blasphème dont la gravité n'avait d'égal que la virulence avec laquelle il combattit ces propos tenus par les disciples de Jésus.

Comme pharisien, Saul attendait le Messie d'Israël. Cette expression est vague, tant elle recouvre des figures variées et nourrit des espérances nombreuses, voire contraires. Une des spécificités des pharisiens attribue au Messie un rôle eschatologique, un rôle pour la fin de l'histoire et l'entrée des justes dans la gloire de Dieu; aussi le livre de Daniel peut aider à comprendre ce que Saul entendait par l'expression « Messie d'Israël ». Le Messie d'Israël est la gloire de Dieu qui prend un visage humain pour relever le peuple de Saints du Très Haut. Son rôle est donc de restaurer Israël dans sa dignité de peuple de prêtres et la plénitude de sa vocation.

Cette vocation, selon les pharisiens, est à vivre par tout le peuple, pas uniquement par les classes sacerdotales, mais par chacun des fils d'Abraham, par toutes les dimensions de la vie quotidienne. Ainsi, pour la spiritualité pharisienne, « la maison est un temple, la table un autel et le repas quotidien une liturgie ». Fractions du pain et bénédiction de la coupe expriment cette attente du Messie qui permettra à Israël de vivre des fruits de la terre, dans la paix.

Ce rôle sanctificateur du Messie qui viendra restaurer la sainteté et la splendeur d'Israël rend insupportable aux oreilles d'un juif pieux l'identification de Jésus au Messie. Un crucifié est un maudit, une source d'impureté ; il est donc proprement scandaleux de penser qu'un crucifié puisse être à la source de la bénédiction divine pour son peuple. Rien ne peut permettre de concevoir aujourd'hui le scandale que suscitait cette simple affirmation des disciples de Jésus : celui qui fut crucifié sous Ponce Pilate, Jésus, est le Messie. Ceux qui tiennent de tels propos devaient être sanctionnés vigoureusement et châtiés de même. Aucune argumentation, aucune raison présentée par les disciples de Jésus, ne pouvait rendre acceptable cette affirmation blasphématoire pour le jeune pharisien en route vers Damas.

Que se passa-t-il sur cette fameuse route ? Une apparition du Ressuscité ! Rien de moins. Comme

Thomas, Jean, Simon, Marie-Madeleine, Saul voit le Ressuscité ainsi désigné par le Père comme Celui en qui toutes les promesses de Dieu trouvent leur « Oui ! » (*2 Co* 1,20). Aussi dès cet instant, Jésus fut pour Saul, le Messie d'Israël. Mais cette profession de foi ne devait pas en rester là.

Aussi, à peine baptisé, Saul se lança-t-il dans une activité d'annonce de l'Évangile. Celui qui était attendu pour renouveler Israël dans l'Alliance est venu : en lui la gloire de Dieu a épousé la nature humaine pour que le peuple des justes épouse la gloire divine. La figure du Fils de l'homme présentée par le prophète Daniel est certainement présente à l'esprit sans que l'on puisse savoir si elle était explicitement mentionnée. Elle va donner à la réflexion sur le Messie un élan, un mouvement dont l'Apôtre des Nations ne se départit jamais. Cette trajectoire est explicitement déployée sous la plume de Paul dans la *Deuxième lettre aux Corinthiens* : « Le Messie de riche qu'il était s'est fait pauvre pour que dans sa pauvreté nous trouvions la richesse » (*2 Co* 8,9).

Disciples de Jésus, nous devrions tous connaître cette phrase par cœur et en faire le foyer ardent de notre méditation sur Jésus, le Messie. *Le Messie, de riche qu'il était, s'est fait pauvre pour que dans sa pauvreté nous trouvions la richesse.*

Dans cette phrase, la pauvreté n'est pas la condition pécuniaire ou sociale de Jésus. S'il est une chose dont le Messie est riche, c'est de la gloire divine, de l'immédiateté de sa relation avec Dieu. Ayant pris les traits d'un visage humain, le Messie s'appauvrit, parce que cette éternelle relation à Dieu est maintenant vécue, sans altération, dans la médiation d'un corps. Aussi notre corps, la fragilité, la pauvreté de notre corps, peut devenir le lieu d'une relation filiale au Père.

Lorsque Paul raconta l'événement de la route de Damas, il affirma que « le Père révéla le Fils en lui » (*Ga* 1,15). Le corps du Crucifié-Ressuscité lui donna à voir jusqu'où, en Jésus, Dieu vécut la condition humaine. Présent devant Saul, Jésus offre de vivre en lui son existence, sa condition divine. Saul découvre en Jésus la possibilité d'une vie filiale enfin accessible : plus rien ne compte donc, sinon être fils du Père de Jésus Messie. La liberté dont il fit preuve par la suite et dont il rendit compte dans ses écrits s'enracine là : toutes les circonstances de la vie humaine sont une bonne occasion de vivre sous le regard du Père. Dans la pauvreté d'une histoire marquée par une éducation et une culture, par la violence également, Saül découvrit la richesse d'une existence filiale.

Le Messie, de riche qu'il était, s'est fait pauvre pour que dans sa pauvreté nous trouvions la richesse. Cette phrase est la clé de toutes les affirmations de Paul dans ses lettres concernant le Messie. Aussi, pour bien les recevoir, il faut constamment tenter de les restituer dans ce double mouvement : descendant dans un premier temps, ascendant ensuite. Cela est particulièrement manifeste dans l'hymne aux *Philippiens* : « Celui qui était de condition divine, s'abaissa dans la condition de serviteur » afin que tous les êtres s'élèvent dans la louange à la Gloire de Dieu, Père (*Ph* 2,7-8).

La trame de fond de ce double mouvement est biblique : le Fils de l'homme du prophète *Daniel* probablement, le schéma de l'*Exode* sûrement. Le geste narré dans le livre de l'*Exode* se résume ainsi (*Ex* 6, 6-8) : Dieu descend pour voir ; connaissant la misère des Hébreux, face à Pharaon, Il revendique Israël comme étant son peuple, son patrimoine, son apanage ; Il le délivre de l'esclavage, le conduit à travers la mer Rouge et le désert pour qu'il serve son Nom, afin de l'introduire dans la Terre sainte. Certaines de ces expressions relèvent du vocabulaire nuptial : revendiquer, conduire dans la demeure, notamment.

Cette terminologie semble s'être imposée très rapidement pour parler de Jésus : Paul affirme avoir présenté l'Église qui est à Corinthe comme une fiancée devant le Messie (*2 Co* 11, 2). Ainsi, pour Paul, en Jésus, Dieu a épousé la nature humaine afin que les humains épousent la nature divine. Il a épousé la prière des pécheurs, celle des psaumes notamment, afin que les pécheurs épousent sa louange filiale, également avec les psaumes.

On le voit, si les affirmations pauliniennes sur Jésus conservent un substrat biblique, progressivement, elles reçoivent une forme toujours plus universelle, et le vocabulaire matrimonial indique déjà une orientation en ce sens. La mission envers les païens rendit nécessaire cette évolution qui ne perdit jamais de vue ce double mouvement dont rend compte cette phrase insuffisamment connue : *Le Messie, de riche qu'il était, s'est fait pauvre pour que dans sa pauvreté nous trouvions la richesse.*

Encore une fois, cette affirmation doit guider toute recherche de la signification des autres phrases par lesquelles Paul tente de rendre compte de la transformation que le Messie a opérée. Par exemple :

Christ nous a arrachés à la malédiction de la loi, devenant pour nous malédiction (*Ga* 3,13). Avec la référence à la Loi, Paul ne s'éloigne pas de l'héritage d'Israël, mais par le vocabulaire de la malédiction, et son corollaire de bénédiction, il présente la croix dans une acception plus universelle, même si, aujourd'hui, nous avons oublié ce que signifie être un *maudit*. Ce terme dit pourtant simplement, comme son étymologie le suggère, que la vie est *mal dite*. Le Messie sur la croix a épousé nos malédictions, il en a pris le visage afin que, dans cette malédiction de la croix, nous retrouvions la bénédiction, la bonne parole divine, le « oui » de Dieu à toutes ses promesses. La croix fait des êtres humains des créatures nouvelles.

Une lueur d'espoir brille pour tous ces hommes dont le corps est malade ou méprisé, dont le corps n'est pas regardé, la voix oubliée, pour tous ces corps qui crient silencieusement le désir de vivre. Leur vie est sans intérêt à tous les yeux, eux qu'on dit, et qui se disent eux-mêmes, « maudits » ou défigurés : mais le Messie nous arrache à la malédiction : son corps maudit est la parole définitive du Père, ce « oui » que nul n'espérait plus.

Cette transformation est à nouveau décrite dans une autre phrase qui sonne étrangement à nos oreilles : *Jésus Messie, Lui qui n'a pas connu le péché, Dieu l'a fait péché pour que nous soyons justifiés en lui* (*2 Co* 5,21). Ici encore le double mouvement est présent : Jésus, Messie juste, est devenu « péché », sans commettre le moindre péché, pour que les pécheurs acquièrent cette justice qu'attend le Père. Paul emploie, comme dans la lettre aux *Galates*, une figure de style, par laquelle il désigne la conséquence, le Messie crucifié, par la cause, le péché des hommes. En parlant ainsi, Paul oblige son lecteur à ne jamais s'habituer au scandale de la croix ; à chaque fois que celui-ci réentend cette phrase, il se voit contraint de reprendre le raisonnement par lequel Paul affirme qu'en contemplant le Crucifié Messie, les êtres humains sont en face de leur propre péché, de leur propre complicité à manquer l'amour et l'espérance. La croix sanctionne l'échec de la vie humaine, afin que les humains retrouvent leur juste position filiale au regard de Dieu, Père.

Il y a un espace entre Dieu et les êtres humains, un écart abyssal interne à Dieu lui-même et qui rend possible la relation entre Dieu et les hommes. Cet espace est appelé la Sagesse par les maîtres d'Israël. La possibilité humaine de tenir en présence de Dieu est uniquement le fruit de la Sagesse de Dieu. La croix vient marquer l'incapacité humaine à tenir par soi-même devant le Créateur. En sanctionnant ainsi la situation humaine, la croix ouvre la possibilité d'accueillir la gratuité par laquelle Dieu dans sa Sagesse fait tenir sous son regard les hommes et les femmes qu'il lui a plu de créer.

C'est ainsi que pour Paul s'impose l'affirmation selon laquelle le Messie est l'image de Dieu (*2 Co* 4,4 et *Col* 1, 18) : cette expression biblique désigne à la fois le premier humain et la Sagesse de Dieu. En employant cette expression, mais en disant également *que Jésus est devenu pour nous Sagesse de Dieu* (*1 Co* 1,30), Paul affirme que Jésus, le Crucifié-Messie, est la vérité de l'œuvre de Dieu pour les hommes.

Image de Dieu, Jésus est également le dernier Adam spirituel qui donne la vie (*1 Co* 15,45-48) ; il est l'image de ce que l'humanité est aux yeux de Dieu. Jésus le Crucifié-Messie, maudit sur la croix, devenu « péché » sans commettre le péché, établit par la croix la vérité de l'existence humaine sous le regard du Père. Jésus Ressuscité est bien le portrait de l'homme nouveau, recréé par le baptême (*Col* 2,14 et 3,10) à l'image de ce que le Père espérait en créant l'homme et la femme.

Tous les hommes, juifs comme païens, cherchent une sagesse : le mot, la parole, aujourd'hui l'équation, qui résumera tout l'univers et contiendra le cosmos. Il n'y a plus à chercher : en Jésus Messie, nous avons le « oui » de Dieu à toutes ses promesses, nous avons le dernier mot de Dieu à son œuvre. L'ultime coup de crayon de l'artiste qui donne sens à toute l'œuvre, qui la récapitule. Il est le secret de l'existence, secret qui n'est pas à chercher derrière l'homme, dans son passé. Il est dans l'avenir, caché en Jésus (*Col* 3,1-3).

En présentant ainsi Jésus, Paul propose une foi exigeante, parce qu'elle invite à chercher en dehors de soi et en dehors de ce monde le sens de notre existence. Pour exprimer ce mouvement par lequel le Messie, tel la sagesse divine, vient épouser ce qu'il n'est pas, Paul a recours à un style qui déconcerte et oblige le lecteur à se mettre en quête. La geste du Messie et son œuvre dans le cœur des hommes restent insaisissables, insondables, comme la sagesse même de Dieu.

Jésus est-il le Messie d'Israël ?

Après l'avoir nié violemment, Paul le reconnaît et, dans un premier temps, cette affirmation est au cœur de sa prédication. Sous sa plume, le mot *Messie* ne devint jamais un surnom, ou l'équivalent d'un nom propre ; il est toujours employé pour dire la mission que Jésus accomplit, obéissant au Père. Pourtant, progressivement, le rôle de Jésus va être présenté sous un jour moins national, plus universel. Messie d'Israël, Jésus est progressivement nommé et compris comme le sauveur des hommes. Ce travail théologique culmine dans la comparaison de Jésus avec le premier être humain. Au fil des lettres, Paul prit soin de développer les implications de ce parallélisme.

Mais le plus important de tout, reste ce que Paul, trop pudique pour cela, ne raconta que fort peu. Le plus important fut ce désir qui habita Paul depuis la rencontre sur la route de Damas : que Messie vive en lui ! Que l'amour et l'espérance du Crucifié pour le monde vivent en lui !

Dimanche 15 mars 2009

L'UNIVERSEL

Père André-Marie Ponnou-Delaffon

Mme Chantal Delsol

L'apport de saint Paul à la réflexion sur l'universel

PÈRE ANDRÉ-MARIE PONNOU-DELAFFON

L'expérience de Damas signe l'ouverture de la religion de saint Paul à l'universel. Celui qui persécutait les chrétiens à cause de leur infidélité à la foi et à la loi juives se découvre l'instrument choisi par Dieu pour faire parvenir son Nom auprès des nations païennes (cf. *Ac* 9,15). Saint Paul se référera à cet événement pour fonder son autorité apostolique et justifier sa mission universelle auprès des Gentils (cf. *Ac* 22,3-21 et 26,9-20). Sa théologie de l'universel décline cette rencontre personnelle du Christ : la lumière du chemin de Damas filtre sa perception de l'économie chrétienne et en façonne l'expression. Il comprend grâce à sa rencontre du Christ que si « tous les hommes sont pécheurs » (*Rm* 3,9), cependant « Dieu veut que tous les hommes soient sauvés » (*1 Tm* 2,4). Ce salut universel, Dieu l'a voulu de toute éternité, gratuitement. Paul fait l'expérience de cette gratuité qui précède sa foi et sa réponse lors de sa conversion à Damas : le Christ l'a choisi alors même qu'il le rejetait et ne respirait « que menaces et carnage à l'égard des disciples du Seigneur » (*Ac* 9,1). L'universalité du Christ et de la foi chrétienne sont alors pour lui la signature d'un Dieu qui nous a choisis de toujours et pour toujours, gratuitement. Je présenterai l'apport de saint Paul à la compréhension de l'universel en 4 points : la création, la révélation, le salut et la charité.

Création

C'est en contemplant le mystère de la création que saint Paul découvre la clé d'intelligibilité de l'universalité divine. Jésus-Christ, écrit-il au début de l'épître aux Colossiens, « est l'Image du Dieu invisible, Premier-né de toute création, parce qu'en lui ont été créées toutes choses dans les cieux et sur la terre : les visibles et les invisibles, soit les Trônes, soit les Seigneuries, soit les Principautés, soit les Pouvoirs. Toutes choses ont été créées par lui et pour lui, et il est avant tout, et toutes choses subsistent en lui » (*Col* 1,15-17). L'existence de toute la réalité créée est précédée et médiatisée par le Christ ; il n'y a donc aucune créature qui échappe à Dieu et qui ne porte sa marque. Dieu est universellement présent dans sa création. Cette présence ne se confond pas avec un panthéisme, qui confesserait que tout est Dieu, parce qu'elle est scellée dans l'unicité de la personne du Christ. La création n'appartient pas à Dieu par dissolution en lui mais parce qu'elle existe (au sens de « sortir de ») à partir d'une personne divine. Nous percevons ici l'assise existentielle de la théologie paulinienne que je rappelais en introduction : Dieu saisit saint Paul parce qu'il le rencontre personnellement. De même, la création constitue la première rencontre personnelle de Dieu et de l'homme.

La place du Christ, comme Premier-né et Principe de toute la création, stipule dans un même élan qu'il en est le vecteur et la fin. Dans le Christ, tout le créé est ordonné à Dieu. « Tout est créé pour lui ». « Dieu nous a fait connaître le mystère de sa volonté », dit l'épître aux Éphésiens, « ce dessein bienveillant qu'il avait formé en lui par avance, pour le réaliser quand les temps seraient accomplis : récapituler toutes choses sous un seul chef, le Christ, les êtres célestes comme les terrestres » (*Ep* 1,9-10). La récapitulation de toutes choses dans le Christ accomplit l'élection du créé dans le Christ dès avant la création du monde (cf. *Ep* 1,4). La prévenance du Christ sur la création implique que l'universalité de la création trouvera en lui sa fin et sa perfection.

Cette ordination universelle du créé détermine, chez saint Paul, une théologie de l'histoire dans laquelle la vie, la souffrance et la mort des hommes sont assumées dans le Christ. L'histoire des hommes devient ainsi celle du règne du Christ et elle trouve son adresse ultime en Dieu. « De même que tous meurent en Adam, tous reprendront vie dans le Christ... Et lorsque toutes choses lui auront été soumises, alors le fils lui-même se soumettra à celui qui lui a soumis toutes choses, afin que Dieu soit tout en tous » (cf. *1 Co* 15,22.25.28). La royauté du Christ donne une cohérence universelle à l'éclatement de l'histoire de tout un chacun ainsi qu'à l'éparpillement de nos engagements dans l'histoire. Rien ne lui échappe !

Révélation

Le fait que toute réalité subsiste à partir du Christ, par lui, en lui et pour lui, qualifie la création comme icône de Dieu, miroir de sa révélation. La créature, et par suite toute l'histoire des hommes, porte l'indice de Dieu. C'est pourquoi la révélation divine est, en droit et de fait, accessible à tout le monde : elle est universelle. Saint Paul le confesse dès le début de l'épître aux Romains. Personne ne peut se dispenser d'accomplir la volonté de Dieu et de le glorifier. En effet, Dieu et sa volonté sont manifestes car manifestés dans la création. « La colère de Dieu se révèle du haut du ciel contre toute impiété et toute injustice des hommes qui tiennent la vérité captive dans l'injustice ; car ce qu'on peut connaître de Dieu est pour eux manifeste : Dieu en effet le leur a manifesté. Ce qu'il y a d'invisible depuis la création du monde se laisse voir à l'intelligence à travers ses œuvres, son éternelle puissance et sa divinité, en sorte qu'ils sont inexcusables puisqu'ayant connu Dieu, ils ne lui ont pas rendu comme à un Dieu gloire ou action de grâces, mais ils ont perdu le sens dans leur raisonnement et leur cœur inintelligent s'est enténébré, dans leur prétention à la sagesse ils sont devenus fous » (*Rm* 1,18-22). Cette interpellation concerne tout homme et pas seulement les Juifs ou les Chrétiens. L'Église y a lu, au concile Vatican II, le fondement scripturaire de la révélation naturelle[1]. C'est en ce sens aussi que Paul déchiffre la religiosité païenne comme une attente du Christ. Aux Athéniens

1. Vatican II, Constitution dogmatique *Dei Verbum*, 6. Cf. aussi Vatican I, Constitution dogmatique *Dei Filius*, ch. 2, *DS* 3004.

qui adorent un dieu inconnu, il révèle que ce dieu vénéré dans l'anonymat s'est désormais manifesté en Jésus-Christ (*Ac* 17,22-25). Nous avons ici une des pierres d'attente du dialogue avec les autres religions. Quelles qu'elles soient, elles portent une vérité du Dieu des chrétiens.

Le Christ, de qui procède toute la création et qui la récapitule, conduira la révélation de Dieu à sa plénitude. Son incarnation dans le sein de Marie inaugure une nouvelle visibilité de Dieu. Le Christ est médiateur et plénitude de toute la révélation. « Toutes les promesses de Dieu ont leur oui en Jésus-Christ » (*2 Co* 1,20). La récapitulation par le Christ de tout le créé (cf. *Ep* 1,9-10) se traduit par une capacité inouïe pour cette création d'attester partout et pour tous (universellement) la vérité de Dieu. Parce que le Christ devient créature, la révélation naturelle de Dieu est portée à son incandescence. L'humanité du Christ est transparente de la divinité ; les paroles humaines et finies qu'il a utilisées disent adéquatement la vérité du Dieu infini. Nous pouvons souligner ici un aspect capital. La théologie paulinienne nous force à comprendre l'universel divin autrement que comme une idéologie abstraite. En Jésus-Christ, nous découvrons l'être concret, la personne historique en qui cet universel peut être atteint sans jamais être étreint. Il y a là une originalité incompressible de la foi chrétienne. La particularité, l'individualité, la singularité deviennent en Jésus-Christ l'espace où advient et se déploie l'universel. L'universalité de Dieu est désormais repérable dans les limites de notre contingence !

Salut

La compréhension paulinienne de notre salut fait apparaître un autre aspect important de l'apport de saint Paul à la réflexion sur l'universel. C'est par une personne historique, géographiquement localisée et culturellement située que s'opère le salut universel. Dieu veut que tous les hommes bénéficient de l'événement pascal (mort et résurrection) dans lequel « le Christ Jésus s'est donné en rançon pour tous » (*1 Tm* 2, 6). Sa mort et sa résurrection sont le nœud qui tient l'histoire des hommes avant et après lui. Ici encore, nous pouvons évoquer la théologie de l'histoire de saint Paul qui ne comprend pas l'histoire de manière linéaire avec un déploiement qui se gagnerait sans cesse sur son indigence. Pour Paul, le Christ, en sa mort et en sa résurrection, fait advenir l'accomplissement du temps, un accomplissement qui attire toute l'histoire passée et d'où sourd toute histoire future. « Quand vint la plénitude des temps, Dieu envoya son fils » (*Ga* 4,4). L'universalité du salut signifie, pour Paul, l'accomplissement du salut dans le sens où tout est déjà donné : il faut seulement que chaque homme l'accueille dans la particularité de son histoire et de ses limites.

Cette universalité du salut n'efface pas ce qui pourrait apparaître comme une prérogative de certains sur les autres. Saint Paul rencontre cette prérogative en évoquant, dans l'épître aux Romains, la puissance de l'Évangile pour « le salut de tout homme qui croit, du Juif d'abord aussi bien que du Grec » (*Rm* 1,16). Dans cette formulation étonnante et sans doute provocatrice, le « d'abord » ne signifie pas une supériorité (axiologique) du Juif sur le Païen. Ce « d'abord » exprime que l'alliance de Dieu avec les Juifs est ordonnée à sa rencontre avec toute l'humanité. L'universalité du salut n'est pas une abstraction, elle advient dans l'histoire par des médiations contingentes voire défaillantes, puisque le salut passe à tous par les Juifs malgré leur infidélité (cf. *Rm* 9-11).

L'universalité du salut, nouée dans une théologie de l'histoire qui possède déjà son accomplissement dans le Christ, est une clé d'intelligibilité de la dialectique paulinienne de la loi et de la grâce, des œuvres et de la foi. Dans l'épître aux Romains, par exemple, Paul écrit qu'« Abraham crut en Dieu et ce lui fut compté comme justice... à qui, au lieu de travailler, croit en celui qui justifie l'impie, on compte sa foi comme justice... Ainsi, Abraham devint-il le père de tous ceux qui croiraient sans avoir la circoncision... et le père des circoncis... qui marchent sur les traces de la foi... Quand l'Écriture dit que sa foi lui fut comptée comme justice... elle nous visait également, nous qui croyons en celui qui est ressuscité d'entre les morts, Jésus notre Seigneur, livré pour nos fautes et ressuscité pour notre justification. » (*Rm* 3,3.5.11.23-25). Je retiendrai de ce texte, dont on peut trouver d'autres parallèles dans les épîtres de saint Paul (cf. notamment *Ga* 3,6), plusieurs éléments. D'abord, l'alliance conclue avec Abraham est ordonnée à la bénédiction de toutes les nations, des incirconcis qui ne sont pas Juifs, c'est-à-dire de tous les hommes. Ensuite, la justification par la foi relève d'une logique de la gratuité; c'est parce que le Christ a déjà payé pour nous libérer de la malédiction de la loi, que la bénédiction d'Abraham peut parvenir aux païens en Jésus-Christ (cf. *Ga* 3,13-14). Enfin, le salut est accessible à tous, non en raison d'un mérite obtenu par des œuvres bonnes, mais par une détermination libre et personnelle d'adhésion au Christ, d'acceptation du salut offert gratuitement; c'est la foi. « Maintenant indépendamment de la loi, la justice de Dieu a été manifestée; la loi et les prophètes lui rendent témoignage. C'est la justice de Dieu par la foi en Jésus-Christ pour tous ceux qui croient car il n'y a pas de différence, tous ont péché et sont privés de la gloire de Dieu mais ils sont gratuitement justifiés par sa grâce, en vertu de la rédemption accomplie dans le Christ Jésus » (*Rm* 3,21-24).

Le croyant échappe ainsi à ses limites en tant qu'elles le distinguent ou le séparent des autres, mais sans toutefois s'en exempter en tant qu'elles sont les traces de son inscription dans l'histoire. Le croyant est comme universalisé dans une histoire qui est celle de l'Élection d'Israël et celle du Christ. « Vous êtes tous fils de Dieu par la foi dans le Christ-Jésus. Oui, vous tous qui avez été baptisés en Christ, vous avez revêtu le Christ. Il n'y a plus ni Juifs ni Grecs; il n'y a plus esclave ni homme libre; il n'y a plus l'homme et la femme; car tous, vous n'êtes qu'un en Jésus-Christ. Et si vous appartenez au Christ, c'est donc que vous êtes la descendance d'Abraham; selon la promesse, vous êtes héritiers » (*Ga* 3,27-29).

Tant que nous imaginons que Dieu nous est redevable du salut, qu'il est notre obligé parce que nous avons accompli la loi, le discours de Paul ne nous touche pas parce qu'il ne nous concerne pas. Mais le jour où l'on prend conscience qu'on est bénéficiaire de cette gratuité, c'est différent. Ce qui est acheté et mérité par l'homme est à la mesure de l'homme, c'est-à-dire contingent et limité. En revanche, ce qui est gratuit relève de la mesure de Dieu et nous révèle son universalité. Ce salut, parce qu'il est universel, nul n'en sera exempté, à condition qu'il accueille celui qui s'est fait tout en tous afin que « Dieu lui-même soit tout en tous » (*1 Co* 15,28).

Charité

Je voudrais achever cette présentation de l'apport de saint Paul à la compréhension de l'universel en évoquant la charité. Plusieurs de ses textes mettent directement en équation l'exercice de la charité et la plénitude universelle à laquelle celui-ci conduit. Dans la belle hymne de la première épître aux Corinthiens, la charité s'identifie comme ce qui surpasse tout, elle est comme le débordement de l'universalité : on peut tout avoir mais on n'est rien tant qu'on n'a pas la charité. « Quand j'aurais le don de prophétie et que je connaîtrais tous les mystères et toute la science, quand j'aurais la plénitude de la foi, une foi à transporter les montagnes, si je n'ai pas la charité, je ne suis rien. Quand je distribuerais tous mes biens en aumône et livrerais mon corps aux flammes, si je n'ai pas la charité cela ne sert à rien » (*1 Co* 13,2-3). La charité est non seulement l'excès de la plénitude et de la totalité mais, en plus, elle détermine la consistance ontologique et la fécondité pratique du croyant. Sans elle, il n'est rien et tout lui est inutile (« cela ne sert à rien »).

À l'occasion de la collecte en faveur des Églises les plus démunies, notamment celle de Jérusalem, Paul souligne que la libéralité et la générosité de ceux qui donnent réfléchissent comme un miroir la charité du Christ qui, pour eux, s'est fait pauvre, de riche qu'il était, afin de les enrichir par sa pauvreté (cf. *1Co* 8, 9). La gratuité du salut, dont nous avons dit qu'elle était le corollaire de son universalité, se traduit par le souci des Chrétiens pour tous ceux des Églises sœurs. La charité devient le moyen par lequel Juifs et Païens communient et sont constitués en une Église universelle, c'est-à-dire catholique. En effet, « si les Païens ont participé au bien spirituel des Saints de Jérusalem qui sont dans la pauvreté, ils doivent à leur tour les servir de leurs biens temporels » (*Rm* 15,27).

Le carême est un temps privilégié pour exercer l'aumône. Celle-ci est le visage de la charité du croyant désireux de se convertir au Christ en se tournant vers ses frères. L'aumône signifie et déploie dans notre histoire individuelle la gratuité de notre salut. Étant bénéficiaire de la générosité de Dieu qui me sauve gratuitement, je dois à mon tour être généreux envers tous.

L'universel comme promesse ou comme programme

Chantal Delsol

Cette fondation de l'universel par saint Paul, que vient de décrire le Père Ponnou-Delaffon, s'inscrit dans notre histoire où elle se déploie en divers avatars, dont je voudrais ici évoquer quelques points.

L'universalisme, ou cette certitude que les valeurs que nous défendons sont universelles, c'est-à-dire valables pour toute l'humanité, est déjà pressentie par les Grecs.

À l'époque de la guerre du Péloponnèse, un célèbre discours de Périclès rapporté par Thucydide, décrit Athènes comme « éducatrice de la Grèce ». La vocation d'Athènes consiste à apporter aux villes hellènes une culture démocratique, comme on gratifie d'un cadeau. L'empire athénien, en réalité davantage hégémonie qu'empire, ne visait pas seulement la conquête : il monnayait certains avantages en échange de l'adoption d'un régime libre dans les cités sujettes. Que faisons-nous d'autre, vingt-cinq siècles plus tard avec les pays d'Afrique ou d'Asie : une sorte de chantage pour qu'ils adoptent des mœurs que nous considérons comme meilleures pour tous les humains.

Nous n'arrêtons pas d'apporter au monde des « bonnes nouvelles » successives, dont chacune révèle l'une de nos trouvailles. La démocratie de Périclès représentait une « bonne nouvelle » pour les villes grecques où l'on ignorait le statut de citoyen. Le christianisme, une « bonne nouvelle » spirituelle qui annonce la porte ouverte de l'éternité pour tous les hommes de la terre. Le marxisme, la « bonne nouvelle » de l'apparition prochaine d'un homme enfin réconcilié avec lui-même. La déclaration des droits, une « bonne nouvelle » pour l'individu écrasé et méprisé de tous les continents. Le contenu change mais nous défendons toujours un universel.

Comment ne pas trouver là une étrange permanence ?

L'Européen porte cette conviction, lisible au fil des siècles, d'avoir découvert certaines références, et par extension, certaines organisations, valables non seulement pour lui-même, mais surtout, pour l'homme tout court. S'il veut transformer la société, c'est la société des hommes qui l'intéresse, au-delà de la sienne propre. Saint Paul, dont les discours contribuent à fonder l'humanisme européen, s'adresse à l'ensemble du monde connu. Si Thomas More appelle à la justice, si Comenius réclame une généralisation de l'instruction, c'est toujours pour l'humanité, et au nom de principes qui concernent l'humanité tout entière. La Déclaration de 89 n'est pas destinée aux Français. Le Manifeste de Marx s'adresse aux prolétaires de tous les pays. La Déclaration Universelle de 1948 s'adresse à la « famille humaine ».

Nous avons le sentiment – justifié ou non, mais c'est une autre question –, d'être dépositaires de vérités universelles, à charge pour nous de les indiquer et de les transmettre au monde. Et par voie de conséquence, l'idée ou la tentation de conserver pour nous-mêmes nos découvertes, nous apparaît comme une espèce de trahison. C'est voler un brevet que de l'enterrer pour son propre usage, si son utilité ne fait pas de doute. Dans le cadre de l'universalisme, la conquête disparaît derrière la mission.

La permanence historique de l'idée d'universel dans la culture européenne, a été rendue possible par l'idée d'égalité entre les hommes. Par la certitude d'un statut humain universel, déjà amorcée chez les Grecs. Au-delà des particularités et des particularismes, une spécificité ontologique de l'espèce incite les philosophes grecs à se dire « citoyens du monde ». Le christianisme se saisit de cette idée qu'il enracine dans la transcendance, qu'il déploie, et qu'il perpétue historiquement à travers tous les avatars de la culture occidentale.

La question que je poserai ici, en ce temps limité, est celle du statut de cet universel. Ou si vous préférez : quelle est la fonction que nous pouvons lui attribuer ? quels en sont les bornages ? que nous permet-il d'attendre dans l'histoire ? et quelle histoire ? En effet, si cette idée d'universel se transmet au cours du temps, en Occident, d'une époque à l'autre et surtout d'une vision du monde à l'autre (du christianisme jusqu'aux droits de l'homme contemporains en passant par le marxisme), les différentes visions du monde ne lui confèrent pas le même statut. Et surtout, le statut de l'universel change radicalement avec la saison des Lumières.

L'égalité dont parle saint Paul entre les races, les classes, les sexes, est ontologique : elle concerne l'essence humaine, et relève d'une filiation divine. Les hommes sont tous frères parce qu'ils sont tous fils du même père céleste. Ce caractère ontologique, enraciné dans la transcendance, confère à l'universel le statut d'une *espérance*. L'égalité existe ontologiquement avant de devenir une norme à réaliser dans l'existence : il convient de traiter également les hommes, parce qu'ils sont égaux de nature. Ainsi le chrétien va-t-il se trouver dépositaire à la fois de la connaissance de cette égalité, et du devoir de la réaliser et de la transmettre. Ainsi voit-on les Chrétiens, au fil du temps, s'organiser pour améliorer la société (par exemple en prenant en charge, avant que les États ne le fassent, l'instruction, la santé, la pauvreté). Mais cette élévation des sociétés vers davantage de dignité égale est vue comme un incessant travail historique, jamais achevé, et toujours à l'œuvre. C'est pourquoi il est absurde de reprocher à saint Paul de prôner l'égalité ontologique tout en épousant certaines idées de son temps sur l'inégalité des hommes et des femmes. Le statut d'*espérance* indique un décalage toujours là (quoique s'amenuisant) entre l'idée et sa concrétisation. Depuis Las Casas prenant la défense des Indiens au XVe siècle, jusqu'au vote des femmes au XXe siècle et jusqu'à nos appels d'aujourd'hui à un meilleur traitement des plus faibles sur tous les continents, toujours est à l'œuvre la concrétisation paulinienne de l'universel, avec des allées et des venues, des retours en arrière terrifiants, et la certitude de l'inachevé. L'accomplissement définitif de cette réalité ontologique appartient plutôt, pour les chrétiens, à la post-histoire de l'au-delà. Notre histoire terrestre est un chemin de travail et d'attente qui ne porte à cet égard que des fruits incomplets, aléatoires et toujours menacés de retombée.

Avec la saison révolutionnaire, la philosophie des droits laïcise l'égalité de Paul en remplaçant le fondement religieux par un fondement rationnel. La continuité est évidente. Le missionnaire laïc des droits de l'homme hérite de son ancêtre chrétien. Frères en Jésus-Christ ou citoyens du monde, les hommes sont tous complices, parce qu'émergeant du même creuset. L'« autre » s'apparente à celui que nous appelons « autrui ». Et il existe, par conséquent, un « bien » qui est le même pour tous. Pourtant, le statut de l'universel a changé : enraciné dès lors dans des définitions rationnelles et scientifiques de l'homme, il a cessé d'être une *espérance* pour devenir un *programme*. Il convient de le réaliser dans l'histoire humaine, et le plus vite possible. La terreur française de 1793 (la première historiquement, le mot « terreur » acquiert sa signification politique depuis la révolution française) est mise en place en vue de cette réalisation totale et immédiate, et ouvre la voie aux diverses terreurs totalitaires qui s'en réclament clairement et poursuivent le même but : réaliser un universel séance tenante. Aujourd'hui, au temps des droits de l'homme, la terreur a été abolie, mais l'idée d'universel a pour ainsi dire *appris l'impatience*. Il suffit de lire dans nos médias comment on pourchasse les injustices ou les inégalités « qui restent ». Tout se passe comme si nous étions en train de construire, là, sous nos yeux, le règne des frères que le christianisme situait au royaume céleste, dans une version immanente déjà annoncée en pointillés au XIIe siècle par Joachim de Flore.

Le nouveau statut de l'universel comme *programme* (et non plus comme *espérance*), lui confère trois caractéristiques qui découlent de son glissement dans l'immanence :

L'universel doit se réaliser concrètement dans le temps de l'histoire humaine et le plus vite possible.

L'universel, comme programme, ne désigne pas des principes capables de se voir concrétiser différemment par les diverses cultures, mais désigne des expressions politiques, sociales, culturelles précises, que toutes les sociétés du monde devraient adopter pour réaliser la dignité, la justice ou l'égalité considérées comme valables pour tous les hommes. Nous avons tendance à croire que toutes les expressions de notre culture font partie de l'universel qui les porte, autrement dit, nous avons tendance à confondre l'essentiel et le circonstanciel. Le respect de l'être humain devrait alors passer par l'application de nos institutions et de nos mœurs dans leur intégralité. Il faudrait, par exemple, être démocrate à l'occidentale pour respecter les droits de l'homme. Ceux-ci seraient réalisables ici-bas et maintenant par un doux chantage et par des lois internationales.

Enfin, l'universel comme programme empêche ceux qui en portent l'idée, à savoir notamment les Européens, de se donner une identité propre. L'Europe est pour nous plus qu'un lieu, un peuple, une civilisation parmi d'autres. Elle est le creuset à partir duquel pourrait advenir une vie plus humaine pour l'humanité tout entière. Autrement dit, nous la pensons universelle *par nature*.

Cette idée se déploie depuis Kant et Hegel, jusqu'à Husserl et Patocka. Elle est pour nous, aujourd'hui, opérationnelle.

Kant dans *Idée d'une histoire universelle au point de vue cosmopolite*, affirme que l'Europe est le lieu de la réalisation de la raison, et que, comme creuset de l'universel, « cette partie du monde vraisemblablement donnera un jour des lois à toutes les autres » (9e proposition).

Les philosophes allemands de l'époque définissent l'identité européenne comme l'identité universelle : une synthèse de l'humanisme civilisateur. On retrouve cette idée chez Fichte, Hegel, Schelling. La pluralité des différentes sociétés européennes façonne une unité qui concrétise déjà l'universel humain. Autrement dit, la particularité de l'Europe, c'est l'humanisme universel. Ce qui signifierait que l'Europe n'a pas d'identité particulière.

On trouve par exemple cette idée chez Patocka, disciple tchèque de Husserl : « Comme l'idée de la raison est *innée* dans l'humanité comme telle, l'esprit européen est en même temps universellement humain. La culture et la civilisation européenne sont universellement valables, à la différence de toutes les autres qui ne sont que particulières, quelques intéressantes qu'elles soient par ailleurs » (*Essais Hérétiques*, p. 57).

Comment pourrait-il y avoir alors une identité européenne ? L'Europe ne peut s'ériger au nom d'une particularité, puisqu'elle est rationnelle/universelle, et parle au nom de toute l'humanité. Si elle affichait une identité propre (par exemple, la chrétienté), cela reviendrait à nier sa nature universelle.

Comment pourrait-on construire une Europe politique, puisque cela signifierait renoncer à l'universel qui est notre marque ? Une entité politique est exclusive des autres entités. Par son identité elle affirme la reconnaissance de la diversité du monde. Comment une Europe politique pourrait-elle en même temps témoigner de l'universel qui gît dans l'esprit européen ? Il y a là une contradiction irrémédiable. Si l'Europe devait créer un État correspondant à sa vocation, ce ne pourrait être qu'une monarchie universelle – puisque le citoyen européen ne saurait être que citoyen du monde. Or n'y a-t-il pas là le danger de préfigurer un État mondial/despotique ? C'était déjà le danger annoncé par Kant.

Comment parvenons-nous à nous penser universels sans pour autant nous croire supérieurs, sans tomber dans une forme de racisme ? L'idée catastrophique de supériorité ontologique de l'Europe peut disparaître (elle était à l'œuvre au XIXe siècle), sans pour autant laisser place au relativisme, grâce à l'idée de progrès : les autres peuples sont invités ou voués à adopter plus tard les Droits de l'Homme. Le progrès empêche un différentialisme de supériorité. Cette « supériorité » n'est qu'une antériorité. Nous l'effaçons, d'ailleurs, en faisant *comme si* l'universalité était déjà réalisée : la Turquie pourrait entrer en Europe par anticipation, comme si elle nous avait déjà rejoint dans l'humanisme universel, puisque ce n'est qu'une question de temps. Les autres peuples ne sont pas en Europe, mais ils y seraient déjà en idée, ils sont européens par l'ontologie commune, traduite en programme.

Cela revient à dire que l'Europe ne saurait être particularisée, ne saurait trouver une identité propre, et par conséquent, selon ce point de vue, il n'y a pas d'« Autre » de l'Europe : sans identité, pas d'altérité. L'Europe n'aurait donc pas de frontières définies (et surtout pas définitives) puisque tous les autres peuples seraient destinés à la rejoindre dans un futur plus ou moins proche. Tel est le sentiment actuel de beaucoup de nos gouvernants, qui, pour honorer ce caractère universel, craignent de définir les limites de l'Europe. Dans l'esprit de nos contemporains, l'Europe ne saurait exister que pour réaliser sa vocation universelle, c'est-à-dire pour apporter au monde tout ce qui la définit (par exemple un droit international et une justice internationale, une notion universelle des droits de l'homme). Elle n'a donc, clairement, pas de frontière : en tant que particularité, elle n'existe pas. Sa vocation est de défaire les particularités en faisant advenir toutes les autres nations au règne de l'universel dont elle montre la voie.

Je vous avoue que je ne saurais me satisfaire de cet effacement de l'identité européenne, au profit de son caractère ou plutôt de son non-caractère universel. Je ne puis pas croire que la culture européenne soit la seule à devoir ignorer l'altérité, parce qu'elle résumerait l'universel sans autre variante. Je ne peux pas croire que l'Europe, loin d'être une culture avec ses grandeurs et ses tares, soit la seule culture au monde dénuée de particularité et de spécificité.

Mais dans ce cas, quelle est donc la spécificité européenne, autour de laquelle elle trouverait son identité ? Et faudrait-il abandonner l'idée d'universel ?

Je dirais que notre identité réside non pas dans l'universel des droits de l'homme, mais dans la *croyance* en l'universel des droits de l'homme. L'universel comme *programme* se veut objectif et pour ainsi dire scientifique, donc justifié de s'imposer partout sans discussions (on ne discute pas le 2 et 2 font 4). Tandis que l'universel comme *promesse* ne croit pas qu'il sait, mais il sait qu'il croit, et il lui faut convaincre, notamment par le témoignage, et sans impatience. Notre identité, c'est la justification d'un humanisme d'égalité (tous les hommes sont également dignes), et d'un humanisme de royauté (l'homme est le roi de tous les autres vivants par sa dignité spécifique). Nous ne sommes pas l'expression de l'universel (pour reprendre l'exemple précédent, nos démocraties ne sont pas des modèles à exporter), nous ne sommes que les messagers d'une croyance.

Si nous croyons que tous les peuples pourraient porter un jour l'espérance de la philosophie des Droits de l'Homme, parce que tous les hommes sont ontologiquement dignes, nous ne pouvons affirmer que cette philosophie constitue déjà le socle de toutes les cultures. Les autres cultures portent même, dans bien des cas, des fondements contraires à cette philosophie. Il nous faut donc *convaincre* les autres peuples de la justesse des fondements que nous sommes les seuls à proposer. C'est là ce qui constitue notre identité.

Cela signifie que les racines de la philosophie du respect réclament d'être défendues.

L'ontologie de la dignité égale vaut pour tous les hommes – et c'est pourquoi se justifie l'universalisme. Mais cette ontologie universelle n'est pour l'instant inscrite que dans les soubassements et les mythes originels de la culture occidentale – et c'est pourquoi se justifie notre identité particulière. Notre différence consiste à légitimer l'universel, mais elle reste une différence. Dans notre défense de l'universel, nous sommes particuliers.

L'universel est une promesse. Il n'est pas une conquête, plutôt une quête. Nous ne le réaliserons jamais complètement. Nous pouvons seulement le chercher, et en réaliser des bribes. Nous ne pouvons pas l'imposer (parce que le monde d'ici demeure plein de diversité et de particularités), mais seulement en témoigner pour en gager la vérité par notre propre existence. L'universel reste une espérance de l'espèce introuvable, au sens où Héraclite disait que celui qui n'espère pas, n'atteindra pas l'inespérable.

Dimanche 22 mars 2009

La chair et l'esprit

Mgr Job Getcha

Mgr Pierre Debergé

Antagonisme paulinien, héritage patristique

Archimandrite Prof. Dr. Job Getcha

Dans une hymne byzantine faisant l'éloge des exploits ascétiques des saints moines ou des saintes moniales, l'Église orthodoxe clame :

« En toi, vénérable père (ou mère), la divine image se reflète exactement. Afin de lui ressembler, tu as pris ta croix et tu as suivi le Christ ; et par ta vie tu nous apprends à mépriser la chair, qui passe et disparaît, pour nous occuper plutôt de l'âme, qui vit jusqu'en la mort et au-delà… ».

Cette hymne, reflétant assez fidèlement l'image que l'on se fait communément de l'ascèse chrétienne, semble inciter les chrétiens à « mépriser la chair, qui passe et disparaît » et à s'occuper « plutôt de l'âme, qui vit jusqu'en la mort et au-delà… », entraînant chez certains un certain mépris, du moins un certain malaise, vis-à-vis du corps. Par contre, l'anthropologie chrétienne traditionnelle a toujours maintenu une vision holistique de l'homme unissant le corps et l'âme. D'où le paradoxe qu'avait souligné Mircea Eliade :

« Quel paradoxe ! Les Grecs [païens] qui […] aimaient la vie, l'existence incarnée, la forme parfaite, avaient comme idéal de survie la survie de l'intellect pur (l'esprit, *noûs*). Les chrétiens qui, apparemment, sont des ascètes et méprisent le corps, soulignent la nécessité de la résurrection du corps et ne peuvent concevoir la béatitude paradisiaque sans l'union de l'âme et du corps »[1].

D'où plusieurs questions qui se posent aux chrétiens d'aujourd'hui qui vivent à une époque où la psychologie contemporaine rappelle l'unité psychosomatique de l'homme. La tradition chrétienne aurait-t-elle repris le langage séparatiste du platonisme, ayant tendance à opposer l'âme et le corps ?

Si à la suite de Platon qui disait : « L'âme est l'homme »[2], pour beaucoup de penseurs grecs, le corps était considéré comme une prison pour l'âme, et c'est pourquoi l'âme devait en être délivrée, ceci n'est pas le cas de la tradition chrétienne car, comme aimait le rappeler le théologien orthodoxe Georges Florovsky, une âme sans un corps n'est pas un homme : c'est un fantôme ! Et bien avant lui, Justin le Martyr écrivait au IIe siècle : « L'âme est-elle par elle-même la personne ? Non, c'est simplement l'âme de la personne. Appelons-nous le corps la personne ? Non, nous l'appelons le corps de la personne. De sorte que la personne n'est aucune de ces choses en soi, mais elle est le tout unique formé ensemble par les deux »[3].

L'anthropologie chrétienne traditionnelle affirme par ailleurs non seulement l'immortalité de l'âme, mais aussi, et plus fondamentalement, la résurrection du corps. N'oublions jamais que le christianisme, à la

---

1. Mircea ELIADE, *Fragments d'un journal* (17 mars 1960), Paris, 1973, p. 328.
2. Platon, *Alcibiade* I, 130C.
3. Justin le Martyr, *Fragments sur la résurrection*, 8. PG 6, 1585B.

différence de toutes les autres religions et philosophies, se fonde sur deux événements essentiels qui se sont passés « dans la chair » : l'incarnation et la résurrection du Fils de Dieu.

Combattant les gnostiques qui dénigraient le corps, Irénée de Lyon affirmait clairement au IIe siècle : « La preuve est faite que c'est bien la chair qui subit la mort : une fois l'âme sortie, la chair devient sans souffle et sans vie et se dissout peu à peu dans la terre d'où elle a été tirée. C'est donc bien elle qui est mortelle ». Cependant, se référant à l'Apôtre Paul, il ajoute une précision : « C'est également d'elle que l'Apôtre dit : 'Il vivifiera aussi vos corps mortels' (*Rm* 8,11). C'est pourquoi il dit à son sujet dans la première aux Corinthiens : 'Ainsi en va-t-il pour la résurrection des morts : semée dans la corruption, la chair ressuscitera dans l'incorruptibilité' (*1 Co* 15,42) »[4].

Comment comprendre alors le mépris du charnel et la louange du spirituel que semblent véhiculer certains textes de la tradition chrétienne ? Le but de notre brève conférence d'aujourd'hui est de nous pencher sur l'opposition entre la chair et l'esprit qui apparaît dans les épîtres de Paul et de son influence sur la tradition chrétienne ultérieure.

L'antagonisme chair-esprit chez l'Apôtre Paul

Avant d'aborder l'opposition que fait l'Apôtre Paul de la chair à l'esprit, il faut noter d'emblée que l'Apôtre des nations distingue la chair (*sarx*) du corps (*sôma*). Pour lui, le corps *(sôma)* caractérise l'homme

---

4. Irénée de Lyon, *Contre les hérésies* V, 7,1.

dans sa proximité avec Dieu alors que la chair (*sarx*) désigne l'homme dans son éloignement d'avec Dieu. Ceci est fondamental. C'est ainsi qu'il parlera du corps comme du temple de l'Esprit saint : « ne savez-vous pas que votre corps (*sôma*) est le temple du Saint Esprit qui est en vous et qui vous vient de Dieu, et que vous ne vous appartenez pas ? (*1 Co* 6,19). Par contre, pour Paul, la chair n'est pas purement et simplement identique au corps ; elle désigne la nature humaine en tant qu'elle s'oppose à Dieu, lorsqu'elle est infectée par les passions. Ainsi, il écrit, par exemple : « quand nous étions dans la chair (*sarx*), les passions pécheresses, se servant de la loi, agissaient en nos membres, afin que nous portions des fruits pour la mort » (*Rm* 7,5). C'est donc cette chair qu'aux yeux de Paul le Christ va assumer afin de la guérir : « Ce qui était impossible à la Loi, car la chair la vouait à l'impuissance, Dieu l'a fait : à cause du péché, en envoyant son propre Fils dans la condition de notre chair de péché, il a condamné le péché dans la chair, afin que la justice exigée par la Loi soit accomplie en nous, qui ne marchons pas sous l'empire de la chair, mais de l'Esprit » (*Rm* 8,3-4).

Pour ce qui est du dualisme chair-esprit, il faut dire que contrairement aux gnostiques qui avaient hérité d'une conception épicurienne, considérant le corps comme quelque chose de mauvais en soi et opposé à l'âme, les écrivains du judaïsme tardif et du Nouveau Testament opposeront deux principes : celui du mal qui mène à la mort et celui du bien qui mène à la vie. C'est ainsi que, faisant écho à certains textes qumrâniens, la *Didaché* parlera des « deux voies, l'une de la vie, l'autre de la mort ».

Nous retrouvons donc chez Paul un dualisme d'un autre ordre que celui du gnosticisme ou du paganisme : un dualisme moral, qui oppose la chair à l'esprit. Bien que s'apparentant superficiellement au dualisme païen entre l'âme et le corps, entre la pureté et l'impureté, cet antagonisme paulinien d'ordre moral est l'héritage de l'opposition, dans le judaïsme, de ce qui est terrestre à ce qui est céleste (voir, par exemple, chez Paul, la notion des deux Adam), et qui opposera l'expérience de l'Esprit Saint donné aux chrétiens et conduisant à la sainteté, à l'expérience de la chair qui conduit au péché. Dans cette perspective, « la chair » désigne davantage la créature qui compte sur elle-même et non sur Dieu, et caractérise le monde qui vit selon l'esprit du mal.

On trouve dans les épîtres de Paul le combat de la chair et de l'esprit à deux occasions : une première fois dans l'épître aux Romains et une seconde fois dans l'épître aux Galates.

D'une part, dans les septième et huitième chapitres de l'épître aux Romains, Paul parle de la chair et de l'esprit en l'homme comme de deux principes de vie et de mort : « En effet, sous l'empire de la chair, on tend à ce qui est charnel, mais sous l'empire de l'Esprit, on tend à ce qui est spirituel : la chair tend à la mort, mais l'Esprit tend à la vie et à la paix » (*Rm* 8,5). L'homme peut vivre selon la chair : tel est la conséquence du péché. Mais il doit vivre selon l'esprit, grâce à la mort du Fils dans la chair qui a anéanti la mort et le péché et au don du Saint-Esprit qui habite en nous : « Or vous, vous n'êtes pas sous l'empire de la chair, mais de l'Esprit, puisque l'Esprit de

Dieu habite en vous. Si quelqu'un n'a pas l'Esprit du Christ, il ne lui appartient pas. Si Christ est en vous, votre corps (*sôma*), il est vrai, est voué à la mort à cause du péché, mais l'Esprit est votre vie à cause de la justice » (*Rm* 8,9-10). C'est alors que Paul affirme clairement la résurrection à laquelle le corps est appelé : « Et si l'Esprit de celui qui a ressuscité Jésus d'entre les morts habite en vous, celui qui a ressuscité Jésus-Christ d'entre les morts donnera aussi la vie à vos corps (*sômata*) mortels, par son Esprit qui habite en vous » (*Rm* 8,11).

D'autre part, dans le quatrième chapitre de l'épître aux Galates, Paul présente les chrétiens comme les fils d'Abraham nés de Sara selon l'esprit, et non pas nés d'Agar selon la chair. De là en découle deux mondes : le monde charnel au sein duquel le péché s'est multiplié sous la Loi, et le monde spirituel au sein duquel se développe tout ce qui est bien par le don du Saint-Esprit. « On les connaît », dit-il, « les œuvres de la chair : libertinage, impureté, débauche [...] ; mais voici le fruit de l'Esprit : amour, joie, paix, patience, bonté, bienveillance, foi » (*Ga* 5, 19.22) L'homme peut vivre selon la chair, mais doit vivre selon l'Esprit : « Celui qui sème pour sa propre chair récoltera ce que produit la chair : la corruption. Celui qui sème pour l'Esprit récoltera ce que produit l'Esprit : la vie éternelle » (*Ga* 6,8). « Écoutez-moi : marchez sous l'impulsion de l'Esprit et vous n'accomplirez plus ce que la chair désire » (*Ga* 5,16). C'est dans ce contexte d'ordre moral, et seulement dans celui-ci, que Paul fera naître au sein du christianisme l'antagonisme entre la chair et l'esprit : « Car la chair, en ses désirs, s'oppose à l'esprit, et l'esprit à la chair ; entre eux, c'est l'antagonisme ; aussi ne faites-vous pas ce que vous voulez » (*Ga* 5,17).

L'antagonisme chair-esprit chez les Pères de l'Église

Cet antagonisme paulinien de la chair et de l'esprit sera abondamment repris par les Pères de l'Église et la tradition chrétienne ultérieure.

Cependant, Irénée, évêque de Lyon au IIe siècle et ardent combattant du gnosticisme, soulignera que ce combat est d'ordre moral et ne vise aucunement le corps de l'homme en tant que tel, le christianisme ne pouvant tenir le corps en aversion :

« Comme dit l'Apôtre dans son épître aux Colossiens : 'Faites donc mourir vos membres terrestres...' (*Col* 3,5) Quels sont-ils ces membres ? Lui-même les énumère : 'la fornication, l'impureté, les passions, la convoitise mauvaise et l'avarice qui est une idôlatrie' (*Col* 3,5). Voilà ce dont l'Apôtre prêche le rejet, et c'est à propos de ceux qui commettent de tels actes qu'il affirme qu'ils ne peuvent, comme n'étant que 'chair et sang', hériter du royaume des cieux : car leur âme, pour avoir incliné vers ce qui est inférieur et être descendue vers les convoitises terrestres, est désignée par ces noms mêmes de 'chair' et de 'sang'. Et c'est tout cela que l'Apôtre nous commande une nouvelle fois de rejeter, lorsqu'il dit dans la même épître : 'Ayant dépouillé le vieil homme avec ses pratiques' (*Col* 3,9) Ce disant, il n'entend nullement répudier l'antique ouvrage modelé : sans quoi nous devrions nous tuer et rompre tout lien avec la vie d'ici-bas ! »[5].

Journaliste monastique avant l'heure, Cassien le Romain consacrera entièrement à cet antagonisme paulinien la quatrième de ses conférences qu'il rédigea au IVe siècle pour les communautés qu'il venait de fonder à Marseille. Étant interrogé sur la raison de la lutte entre la chair et l'esprit évoquée par l'apôtre Paul en *Galates* 5,17, Cassien met dans la bouche d'Abba Daniel la réponse suivante. Dans ce passage, la chair désigne non pas l'homme lui-même, mais « la volonté de la chair et les mauvais désirs, tout de même que l'esprit ne désigne rien de substantiel, mais les bonnes et spirituelles aspirations »[6]. Il en résulte « une guerre intestine et de tous les jours : la concupiscence de la chair se précipite impétueusement au vice et se plaît aux délices d'un repos terrestre ; la concupiscence de l'esprit s'y oppose, au contraire, et désire vivement d'appartenir tout entière à la pensée des choses de Dieu »[7]. Selon lui, cette lutte est voulue par Dieu pour nous rendre meilleurs : « La guerre qu'une disposition du créateur allume en nous a d'une certaine manière son utilité : elle nous excite, elle nous force à devenir meilleurs ; et si elle venait à cesser, on lui verrait succéder une paix funeste »[8]. Il est intéressant de noter que de ce combat, selon Cassien, doit résulter non pas la victoire de l'un sur l'autre, mais un équilibre entre la chair et l'esprit afin d'éviter les excès de l'une et de

---

5. Irénée de Lyon, *Contre les hérésies V*, 12,3.
6. Cassien, *Conférence* IV, XI (SC 42, p. 175).
7. *Ibid.*
8. Cassien, *Conférence* IV, VII (SC 42, p. 172-173).

l'autre : « Du combat suit l'équilibre ; entre les deux excès, la voie des vertus est ouverte, sage et modérée, voie royale pour conduire les pas des soldats du Christ »[9].

Nous pourrions passer en revue beaucoup d'autres éminentes figures de la tradition patristique, mais le temps qui nous est imparti ne nous le permet pas. Les résultats seraient toujours les mêmes : lorsque les Pères dénigrent la chair, c'est toujours dans une perspective morale, y dénonçant les vices, comme le fait Grégoire le Théologien lorsqu'il s'exclame au IVe siècle : « Chair pernicieuse, racine des vices aux multiples formes [...], amie du monde qui nous entraîne vers les choses d'en bas [...] adversaire de la vie céleste [...] »[10], et non pas en tant que partie constitutive de l'homme, étant conscient que c'est bien la chair que le Christ « a unie avec la divinité pour me sauver »[11]. Ainsi, à la suite de Paul, l'écrivain monastique byzantin du XIe siècle, Nicétas Stetathos considérera que le but de la vie spirituelle est de « nous faire spirituels de charnels que nous étions »[12].

Une réalité ambiguë

Ayant pour fondement l'incarnation et la résurrection, le christianisme ne saurait aucunement dénigrer le corps au profit de l'âme, mais envisage plutôt un combat visant à trouver l'équilibre entre la chair et l'esprit. C'est donc dans une perspective morale que la

9. Cassien, *Conférence* IV, XII (SC 42, p. 178).
10. Grégoire le Théologien, *Contre la chair*, PG 37 1378-1381.
11. *Ibid.*
12. PG 120, 853A.

tradition chrétienne nous enseigne, à la suite de l'Apôtre Paul, de « Mépriser la chair, qui passe et disparaît » et de s'occuper « plutôt de l'âme, qui vit jusqu'en la mort et au-delà... », et non dans une perspective ontologique, étant tout aussi consciente que Paul de la vocation de l'homme, corps et âme, à ressusciter. D'où une réalité antinomique, voire ambiguë, du corps, objet des vices mais aussi germe de la résurrection, déjà soulignée au VIIe siècle par l'abbé du Sinaï, Jean Climaque :

« Comment vaincre celui que la nature me porte à aimer ? Comment me libérer de celui auquel je suis lié pour l'éternité ? Comment anéantir ce qui doit ressusciter avec moi ? Comment rendre incorruptible ce qui a reçu une nature mortelle ? Comment opposer de bons arguments à celui qui tient les siens de la nature ? Car il est à la fois un allié et un ennemi, un aide et un rival, un défenseur et un traître. Si je le ménage, il me fait la guerre. Si je l'épuise, il devient sans force. Quand je le laisse tranquille, il se conduit mal. Si au contraire je le tourmente, il ne peut le supporter. Si je le contriste, je suis en danger. Si je lui porte un coup décisif, je n'ai plus de quoi acquérir les vertus. Tout ensemble, je l'embrasse et je me détourne de lui. Quel est donc ce mystère en moi ? Que signifie ce mélange ? Pourquoi suis-je ainsi ami et ennemi de moi-même ? »[13]

Sauvé par le Christ, illuminé par l'Esprit Saint, l'homme est invité à transfigurer la chair (*sarx*) en corps (*sôma*) de gloire. Car comme l'a si bien dit l'Apôtre des nations, « Pour nous, notre cité se trouve

---

13. *L'échelle sainte* 15,88 ; SO 24, p. 175-176.

dans les cieux, d'où nous attendons ardemment comme sauveur, le Seigneur Jésus-Christ, qui transfigurera notre corps humilié pour le rendre semblable à son corps de gloire, avec la force qui le rend capable aussi de tout soumettre à son pouvoir » (*Ph* 3,20-21).

« Marchez sous l'impulsion de l'Esprit » (*Ga* 5,16)

MGR PIERRE DEBERGÉ

Il est assez habituel de voir dans la tension entre la chair et l'Esprit qui parcourt l'œuvre de Paul, une illustration du fameux mépris de la sexualité que l'on attribue généralement à l'Apôtre des nations, le tout s'inscrivant dans le contexte plus large d'un mépris général pour les réalités charnelles et d'une exaltation des réalités spirituelles. Mais qu'en est-il exactement? C'est la question que nous nous poserons. Avec un premier constat: si, dans les lettres pauliniennes, la chair désigne d'abord la condition humaine dans sa fragilité et sa faiblesse (*Ga* 2,20, *Rm* 1,3, *Phm* 16), donc mortelle et corruptible (*1 Co* 15,50), on trouve près de cent quarante-six fois le mot « *pneuma* ». Un terme grec qui peut être employé seul[1], mais qui, lorsqu'il n'évoque pas l'esprit de l'être humain, est le plus souvent qualifié: Esprit de sainteté ou Esprit Saint[2], Esprit de Dieu[3], Esprit du Christ, Esprit du Seigneur[4].

Une telle variété d'expressions est théologiquement importante, car elle illustre à la fois l'unité et la

1. *Rm* 8,16.23.26-27; 15,30; *1 Co* 2,10; 12,4-11.
2. Rm 1,4; 5,5; 9,1; 14,17; 15,13.16; *1 Th* 1,5-6; 4,8; *1 Co* 6,19.
3. *Rm* 8,14; *1 Co* 2,11.14; 3,16; 6,11; 7,40; 12,3; *2 Co* 3,3.
4. *Rm* 8,9; *Ph* 1,19; *Ga* 4,6; *2 Co* 3,17.

distinction de l'Esprit par rapport au Père et au Seigneur Jésus. Bien que l'Esprit désigne parfois l'Esprit du Seigneur ressuscité, il ne peut être en effet assimilé au Seigneur Jésus, comme une autre manière de désigner le Ressuscité dans sa présence ou dans son action. Une distinction entre eux doit être opérée. Preuve en est le fait que, pour l'apôtre Paul, c'est l'Esprit de Dieu *qui a ressuscité Jésus d'entre les morts* (*Rm* 8,11), et c'est aussi l'Esprit Saint qui permet de reconnaître et de confesser la Seigneurie du Ressuscité : *Nul ne peut dire : "Jésus est Seigneur, si ce n'est par l'Esprit Saint"* (*1 Co* 12,3). Il n'en est pas moins vrai qu'il y a, dans les écrits pauliniens, un parallèle évident entre les œuvres du Seigneur Jésus et le travail de l'Esprit[5].

C'est dans ce contexte que Paul va saisir l'importance de l'Esprit Saint pour la vie de l'Église et pour l'existence de chaque baptisé. Étroitement lié au baptême, au point que Paul n'hésite pas à parler d'un baptême dans l'Esprit (*1 Co* 12,13), l'Esprit est le premier don que reçoit le baptisé. Élément essentiel de la construction de l'Église, il réalise l'unité des baptisés et façonne l'Église comme Corps du Christ : *Le corps est un, et pourtant il a plusieurs membres ; mais tous les membres du corps, malgré leur nombre, ne forment qu'un seul corps : il en est de même du Christ. Car nous avons tous été baptisés dans un seul Esprit pour être un seul corps, Juifs ou Grecs, esclaves ou hommes libres, et nous avons tous été abreuvés d'un seul Esprit* (*1 Co* 12,12-13).

---

5. Ainsi les baptisés sont-ils exhortés à « *être dans le Christ* » (*1 Co* 1,30) et à « *être dans l'Esprit* » (*Rm* 8,9), et tous sont justifiés « *au nom du Seigneur Jésus et par l'Esprit de notre Dieu* » (*1 Co* 6,11).

En évoquant cette transformation des rapports humains et sociaux entre Juifs et Grecs, esclaves et hommes libres – qui forment désormais un seul corps parce qu'ils ont été baptisés dans un seul Esprit –, Paul met en lumière le monde nouveau né de la mort et de la résurrection du Christ, en même temps qu'il indique un des lieux privilégiés de l'action de l'Esprit du Ressuscité. Pour en saisir la portée, il faut se souvenir que, dans le monde gréco-romain, l'identité se fondait sur des acquis religieux, politiques, sociaux et économiques, avec les privilèges et les exclusions qui en découlent. Devant la loi de Moïse, le Juif jouissait également d'une autre position que le païen et le citoyen, que l'esclave. Or, à partir de ce qu'il lui a été donné de se voir *révéler* sur le chemin de Damas (*Ga* 1,15-16), Paul se fait le héraut d'une anthropologie nouvelle où « l'autre n'est plus considéré dans sa différence, ainsi que le faisaient les Grecs et les Juifs, mais comme un *semblable* dans le Christ. La soumission des uns aux autres, inhérente à une société très segmentée et très hiérarchisée, est dépassée par la référence normative au Christ, qui crée des rapports de communion et de fraternité[6] ».

Paul l'affirme avec force : de par l'œuvre de l'Esprit dans le cœur des baptisés, l'Église est la communauté de celles et ceux que tout sépare dans la vie : Juifs,

---

6. « Le seul élément constitutif et rassembleur de l'identité chrétienne, c'est "d'avoir entre soi les mêmes dispositions que l'on a dans le Christ" (*Ph* 2,5). L'anthropologie paulinienne procède ainsi à un véritable renversement des valeurs en construisant la catégorie de l'universel humain à partir justement de la prolifération des discriminations qui caractérisait l'Antiquité », M. Fr. BASLEZ, *Saint Paul, artisan d'un monde chrétien*, Fayard, Paris, 2008, p. 327-328.

païens, esclaves, hommes et femmes, etc., mais qui, en vertu de la grâce du baptême, forment le Corps du Christ. À l'opposé de l'humanité ancienne, soumise à la domination du péché et scindée en groupes antagonistes, l'humanité sauvée se caractérise donc par la reconnaissance de la grandeur de chaque être humain, déclaré, en Jésus Christ, fils adoptif de Dieu[7], participant d'une fraternité et d'une communion à recevoir en même temps qu'à construire (*Ph* 2,1-11).

De toutes les relations constitutives de la condition humaine, il en est une qui est particulièrement concernée par cette annonce de la réconciliation de l'humanité en Christ : c'est celle de l'homme et de la femme. On en a l'illustration dans cette déclaration de l'épître aux Galates : « *Oui, vous tous qui avez été baptisés en Christ, vous avez revêtu Christ. Il n'y a plus ni juif, ni grec ; il n'y a plus ni esclave ni homme libre ;* il n'y a plus l'homme et la femme (litt. *Ni mâle ni femelle*, cf. *Gn* 1,27) *; car tous, vous n'êtes qu'un en Jésus-Christ* » (*Ga* 3,27-28). Dans une société où la femme était considérée comme mineure sur le plan religieux et inférieure en droit, Paul proclame ici la commune dignité de l'homme et de la femme qui participent des mêmes droits et des mêmes devoirs.

7. Pour traduire la nature de la filiation reçue de la mort et de la résurrection du Christ, Paul utilise ici une expression « fils adoptif » (*huiothesia*) qu'il emprunte à la langue juridique hellénistique. Inconnue de l'Écriture, on ne la trouve qu'en *Rm* 8,15 ; *Ga* 4,5 et *Ep* 1,5. En évoquant cette notion de « fils adoptif », Paul rappelle qu'à la différence du Fils éternel, les baptisés sont et restent des créatures qui ont reçu l'Esprit du Fils éternel. Il y a donc un lien très fort entre don de l'Esprit et filiation divine en Jésus-Christ.

En affirmant qu'il n'y a plus désormais l'homme et la femme, Paul tire également toutes les conséquences de la mort et de la résurrection du Christ. Il reconnaît qu'elles ont mis fin à la rupture originelle qui avait abouti à leur aliénation mutuelle[8]. Rétablis dans leur vocation d'*image et ressemblance de Dieu* (*Gn* 1,26-28), l'homme et la femme peuvent donc, enfin, exister dans l'accueil de leur différenciation sexuelle, qui n'est plus un lieu d'antagonisme et de rivalité mais d'enrichissement mutuel.

En conséquence, dans des mondes culturels et religieux où l'on considérait habituellement que la femme appartenait à son mari, Paul enseigne non seulement que l'homme et la femme ne peuvent exister indépendamment l'un de l'autre (*1 Co* 11,11-12), mais que les liens conjugaux sont un des lieux majeurs où, dans la dépendance mutuelle (*1 Co* 7,4), chacun se reçoit de l'autre. En indiquant que la relation entre le mari et son épouse ne peut plus être déterminée par des réflexes de supériorité mais par une attitude de dépossession, d'abandon et de « soumission » réciproque, la *lettre aux Éphésiens* est un bel exemple de la manière dont la tradition paulinienne poursuivra l'œuvre théologique et éthique de Paul (*Ep* 5,21-33). Le mariage y est élevé au rang de sacrement de l'amour du Christ

8. « *Ta convoitise te poussera vers ton mari et lui dominera sur toi* » (*Gn* 3,16). Pour l'auteur du livre de la Genèse, la perversion des rapports entre l'homme et la femme est une des premières conséquences de la rupture avec Dieu. Convoitise et domination se sont insinuées entre l'homme et la femme. Leur relation, faite dans un premier temps d'émerveillement et d'attention mutuelle (*Gn* 2,21-25) est devenue une relation d'instinct et de passion, marquée par double la faille de la convoitise et de la domination. La sexualité, qui est le lieu par excellence de la communication et de l'amour, est devenue un lieu d'antagonisme, de possession, de domination et de violence.

pour l'Église, et l'amour du Christ pour l'Église y est présenté comme le modèle des liens conjugaux.

Membres du Corps du Christ, l'homme et la femme n'existent donc que d'être mis en relation l'un avec l'autre, dans la reconnaissance qu'ils appartiennent, inséparablement mais différemment, au même Corps. C'est la raison pour laquelle, dans les épîtres pauliniennes, le rappel de la commune dignité de l'homme et de la femme est toujours accompagné de celui de la nécessaire complémentarité de leurs natures, de leur rapport au monde et de leurs responsabilités. Car l'abolition des rapports de force n'implique pas un nivellement des différences, encore moins une suppression de l'altérité. Au contraire, en Christ, et de par l'œuvre de l'Esprit du Ressuscité, non seulement la différence entre l'homme et la femme n'est pas effacée, mais elle est restaurée pour qu'ils redeviennent ensemble le signe privilégié de la manière dont Dieu aime[9].

Sur cette toile de fond d'une communion retrouvée, et toujours à construire, apparaît le double combat qui traverse l'ensemble de la *Bible*. Il porte à la fois sur une ressemblance et une différence à accueillir simultanément. Semblables, l'homme et la femme le sont parce qu'ils sont ensemble image et ressemblance de Dieu, membres du Corps du Christ. Différents, ils le

---

9. « Si chaque personne est reconnue indépendamment de ses qualités, c'est alors qu'elle l'est aussi avec ses qualités : les Juifs en tant que juifs et les païens en tant que païens, et non pas malgré leurs appartenances respectives, les femmes en tant que femmes et les hommes en tant qu'hommes, et non malgré leur masculinité ou leur féminité [...]. Fondées par l'Apôtre, les communautés chrétiennes constituent une communauté nouvelle dont l'unité est faite de la reconnaissance infinie des diversités. » Fr. VOUGA, *Sources vives* n° 140, 2008, p. 15.

sont, parce qu'ils habitent différemment la chair qui leur est commune (*Gn* 2,23). Pour accueillir cette ressemblance et cette différence qui les constituent dans leur singularité respective, l'homme et la femme sont constamment invités à surmonter la tentation de l'asservissement mutuel en s'ouvrant à l'action de l'Esprit de Dieu.

Cette présence créatrice et salvifique de l'Esprit du Ressuscité, au cœur de l'existence humaine, apparaît également dans un passage de la première épître aux Corinthiens où Paul répond à des chrétiens qui, dans l'attente du retour du Seigneur, estimaient que le corps, comparé aux réalités spirituelles, n'a pas de grande valeur et que l'on peut en user en toute liberté puisqu'en Christ « *tout est permis* » (*1 Co* 6,12). Or, que fait Paul ? Il commence par admettre la formule des Corinthiens : « *Tout m'est permis* », pour la corriger ensuite par deux restrictions : « *Mais tout ne me convient pas ; moi je ne me laisserai pas asservir par rien.* » Suit un long développement où l'apôtre opère une distinction entre le ventre où vont les aliments qui sont périssables et le corps qui « *n'est pas pour la débauche* » car « *il est pour le Seigneur et le Seigneur est pour le corps* » (*1 Co* 6,13). Une distinction apparaît ici entre le corps, réduit à l'apparence extérieure ou à sa dimension biologique, et le corps, compris comme le lieu d'une présence divine.

Dans le premier cas, le corps risque d'être instrumentalisé. Dans le second, on lui reconnaît une relation et une appartenance qui fondent sa dimension divine. C'est ce que Paul expose, lorsqu'il enseigne aux chrétiens de Corinthe qu'ils sont, par leur corps, « *membres du Christ* », avant d'ajouter : *Ne savez-vous pas que votre corps est le temple du Saint Esprit de Dieu qui est en vous et qui vous vient de Dieu, et que vous ne vous appartenez pas ?* (*1 Co* 6,19). À l'illusion de croire qu'il serait sans conséquence d'engager son corps dans une relation sexuelle qui serait seulement charnelle, Paul oppose ici un argument de taille : *Temple du Saint Esprit de Dieu*, le corps est habité par la sainteté divine. C'est la raison pour laquelle la sexualité ne peut être réduite à une simple fonction biologique comme l'alimentation. C'est aussi pour cela que la débauche est d'abord un péché contre le corps, car elle porte atteinte à sa dignité en ne reconnaissant pas qu'il est fait pour le Seigneur, donc promis à la Résurrection, et qu'il est le temple de l'Esprit Saint.

Voilà qui montre, s'il le fallait, qu'il n'y a pas chez Paul de mépris du corps ou de la sexualité, mais le refus d'une « sexualité instrumentalisée, séparée de l'ordre de la présence[10] ». Car en niant le corps comme *Temple de l'Esprit Saint*, c'est sa dimension divine que l'on refuse, et donc la présence en lui de l'Esprit créateur et sauveur qui permet de se situer dans une juste relation à son corps et à celui de l'autre[11]. D'où cette

10. E. FUCHS, *Le Désir et la tendresse. Du Nouveau Testament aux défis contemporains*, Labor et Fides, Genève, 2003, p. 48.

11. La relation homme-femme, comme la sexualité, devient alors un chemin de salut où l'on apprend sans cesse à convertir son désir comme sa tendresse : le désir, parce qu'il tend à faire de l'autre le moyen d'assouvir ses besoins ; la tendresse, parce qu'elle peut devenir étouffante et qu'elle peut se révéler aussi possessive et égoïste que le désir. On se souvient ici qu'aimer, pour le Christ et dans l'Esprit, c'est tout en s'aimant soi-même, mourir à soi et grandir dans le respect de l'autre, donc dans l'accueil de sa différence.

ultime recommandation de Paul : *Glorifiez donc Dieu par votre corps.*

À la lumière de ces quelques réflexions, on comprend pourquoi, lorsqu'elle est comprise comme volonté de s'affranchir de toute forme de dépendance divine, comme l'a si bien montré Mgr Getcha, la chair, dans les épîtres pauliniennes, est toujours présentée dans un rapport d'opposition avec l'Esprit, puisque l'Esprit de Dieu a précisément pour fonction d'actualiser dans le cœur des baptisés l'œuvre salvifique du Christ[12]. À l'opposé des déchéances meurtrières auxquelles conduit la chair : *Libertinage, impureté, débauche, idolâtrie, magie, haines, discordes, jalousies, emportements, rivalités, dissensions, factions, envie, beuveries, ripailles et autres choses semblables*, l'Esprit arrache la chair au péché et aux passions qui l'habitent pour lui faire porter le fruit de l'Amour, dont Paul énumère les principales manifestations : *Joie, paix, patience, bonté, bienveillance, foi, douceur, maîtrise de soi* (*Ga* 5,19-23).

Parce qu'il *a été répandu dans nos cœurs par l'Esprit Saint qui nous a été donné* (*Rm* 5,5), l'amour est en effet la première des manifestations de l'œuvre de l'Esprit dans le cœur du baptisé. Expression de l'Amour éternel qui unit le Père et le Fils, il donne aux disciples du Christ d'entrer dans le mouvement même de la vie trinitaire. Face à l'orgueil humain et à la suffisance, ou au danger d'une existence qui se construirait dans le refus de l'autre, il inscrit la condition humaine sous le régime de la filiation et de la fraternité : *Vous n'avez pas*

---

12. *Rm* 8,3-17 ; *Ga* 3,1-5 ; 5,13-25.

reçu un esprit qui vous rende esclaves et vous ramène à la peur, mais un Esprit qui fait de vous des fils adoptifs et par lequel nous crions : Abba, Père (*Rm* 8,15)· C'est un autre aspect de la manière dont l'apôtre Paul interprète l'action de l'Esprit dans la vie du croyant. Il fait éclore la prière du baptisé pour qu'elle épouse celle du Fils. En lui donnant de comprendre que la prière, sous toutes ses formes, n'est autre que le déploiement sans fin de cette invocation : *Abba, Père*, il entend faire de cette prière, en sa genèse même, un désir accordé aux vues de Dieu, et non un moyen d'infléchir la volonté divine selon son désir.

À la source de la prière chrétienne, l'Esprit du Ressuscité envahit ainsi la vie des baptisés pour qu'ils se reçoivent de Dieu, comme du Père qui, seul, peut les faire naître à eux-mêmes. Aussi cette invocation : *Abba, Père* n'a-t-elle toute sa vérité que lorsqu'elle est prononcée dans l'accueil de la fraternité et de la communion reçues du Christ. Car comment nommer Dieu « Père », si on ne reconnaît pas à tous les hommes leur dignité de « frères » (*Ep* 2,17-18) ? Bref, si l'Esprit du Ressuscité est donné, c'est toujours pour inscrire au cœur de l'existence humaine, de manière intime et personnelle, le mystère de Pâques, et pour conduire à la véritable liberté, celle qui naît de l'Amour et se vit dans l'Amour.

Vous l'aurez compris, là où l'on pense habituellement opposition entre la chair et l'esprit, Paul annonce la réconciliation de l'humanité avec sa condition humaine, donc avec la chair dont elle est issue et qui la caractérise. Pour ceux qui acceptent de se laisser conduire par l'Esprit du Ressuscité, c'est un chemin de transformation qui s'ouvre. Au cœur des réalités humaines, il se caractérise par *l'attention à chaque être humain* considéré, en Jésus-Christ, comme un frère, et cela contre toutes les formes de discrimination ou d'exclusion : « *Il n'y a plus l'esclave et l'homme libre, le païen et le juif* » ; par *le respect du corps* reconnu comme « *temple du Saint Esprit de Dieu* » ; par *la nécessaire qualité de la relation homme-femme*[13]. Une, l'humanité ne peut l'être en effet qu'en accueillant le masculin et le féminin qui la constituent Mais encore faut-il que l'on ne confonde pas commune dignité de l'homme et de la femme et identité commune, et qu'on invente des partenariats ou des collaborations qui respectent la manière différente dont chaque sexe incarne l'universel humain. Ne pas s'en préoccuper ou nuire à la qualité de la relation homme-femme, c'est porter atteinte à l'image de Dieu inscrite au cœur de l'être humain, et c'est fausser le lien qui unit l'homme et la femme à la création qui leur a été confiée (*Gn* 1,26-27).

---

13. Parce que l'Église « doit protéger l'homme contre la destruction de lui-même », le pape Benoît XVI a évoqué récemment la nécessité qu'il « y ait quelque chose comme une écologie de l'homme, comprise dans un sens juste ». Ce à quoi il ajoutait : « Ce n'est pas une métaphysique supérieure, si l'Église parle de la nature de l'être humain comme homme et femme, et demande que cet ordre soit respecté. Ici, il s'agit de la foi dans le Créateur, et de l'écoute du langage de la création, dont la dévalorisation impliquerait une autodestruction de l'homme, et donc une destruction de l'œuvre même de Dieu. Ce que l'on exprime et entend souvent sous le terme de « *gender* » se traduit en définitive dans une auto émancipation de l'homme de la création et du Créateur. L'homme veut se faire seul, et disposer exclusivement seul de ce qui le concerne. Mais de cette manière, il vit contre la vérité, contre l'Esprit créateur », Discours à la Curie, le 22 décembre 2008, à l'occasion de la présentation des vœux de Noël.

Chacun, à la lecture des épîtres pauliniennes, est ainsi renvoyé à la grandeur de la condition humaine et au sérieux de son existence, reconnue en Christ comme histoire sacrée. Dans l'attente du retour du Seigneur, qui détermine une manière particulière de se situer dans « *ce monde qui passe* » (*1 Co* 7,31) mais qui fonde surtout la possibilité de penser un monde qui ne se ferme pas sur lui-même, une histoire humaine non clôturée, donc ouverte à une espérance. Une histoire où chacun, dans l'accueil de l'œuvre de l'Esprit, est invité à grandir dans la liberté reçue du Christ mort et ressuscité, la seule qui rende véritablement libre ! Si elle nous réconcilie avec notre chair – comprise comme condition humaine –, elle nous libère de la chair – comprise comme refus de Dieu ou du frère – qui nous empêche d'être pleinement ajustés à notre vocation de fils de Dieu et de frères.

Indissociable de l'œuvre de l'Esprit Saint, en substituant à la présence angoissante d'un « tu dois » celle d'un « tu peux »[14], la liberté reçue du Christ, comme on peut le lire dans ce magnifique passage de l'épître aux Galates, nous rend capable d'aimer comme nous sommes aimés : *Vous frères, c'est à la liberté que vous avez été appelés. Seulement que cette liberté ne donne aucune prise à la chair ! Mais par l'amour mettez-vous au service*

---

14. Alors que la loi de Moïse s'adressait à des hommes dépourvus de force et de moyens face à ses exigences, « *la loi de l'Esprit qui donne la vie dans le Christ Jésus* » (*Rm* 8,2) s'adresse désormais à des hommes qui ont été sauvés et libérés du règne du péché et de la mort. Loin d'être une contrainte extérieure ou un code supplémentaire de prescriptions, c'est un élan, une impulsion qui n'a pas d'autre finalité que de conduire au Christ. Elle se résume dans la « *loi de l'amour* », d'un amour total, sans restrictions, sans limites.

les uns des autres. Car la loi tout entière trouve son accomplissement en cette unique parole : "Tu aimeras ton prochain comme toi-même" [...]. *Marchez sous l'impulsion de l'Esprit et vous n'accomplirez plus ce que la chair désire* (*Ga* 5,13-16).

Dimanche 29 mars 2009

L'AUTORITÉ POLITIQUE ET L'ÉGLISE

Pasteur Claude Baty

Mme Marie-Françoise Baslez

Comment l'apôtre Paul envisage-t-il le rapport « religion et politique » ?

Pasteur Claude Baty

Un préalable nécessaire doit être formulé, c'est une précaution qui du côté protestant a été rappelée à l'occasion de l'année Calvin, qui est bien moins éloigné dans le temps mais tout de même d'une autre culture. Il s'agit de ce que l'historien Lucien Febvre a appelé l'outillage mental. « À chaque civilisation son outillage mental ; bien plus à chaque époque d'une même civilisation, à chaque progrès, soit des techniques soit des sciences, qui la caractérise – un outillage mental renouvelé[1]… »

L'outillage mental de nos sociétés et donc notre façon de penser a été bouleversée à plusieurs reprises et en particulier dans les temps dits modernes par les médias qui ont pris une place considérable dans nos vies et en particulier pour tout ce qui touche à la politique. Comment, de nos jours, imaginer la politique sans journaux, sans radio, sans télévision, sans internet ?

Ce simple exemple suffit à rappeler que non pas à cinq siècles, mais à vingt siècles de distance, les risques

1. Cité dans Pierre Janton, *Jean Calvin ministre de la parole*, Cerf 2008, p. 7.

d'anachronisme sont grands. C'est ce qui explique que l'apôtre Paul a pu être considéré soit comme un conservateur qui, par exemple, n'a pas condamné l'esclavage, soit comme un révolutionnaire qui a tout remis en question et inspiré ensuite ceux qui voulaient faire du passé table rase.

L'apôtre Paul est-il conservateur ?

Indéniablement, il y a des raisons de le penser. L'Apôtre ne remet pas en question l'ordre politique et social qu'il trouve, il semble même en profiter. *Rm* 13 est le passage le plus connu sur le sujet : « Que chacun soit soumis aux autorités établies ; car il n'y a pas d'autorité qui ne vienne de Dieu, et celles qui existent ont été instituées par Dieu. C'est pourquoi celui qui résiste à l'autorité s'oppose à l'ordre de Dieu ; ceux qui s'opposent attireront un jugement sur eux-mêmes. Les chefs en effet ne sont pas à craindre quand on fait le bien, mais quand on fait le mal. Veux-tu ne pas craindre l'autorité ? Fais le bien et tu auras son approbation, car elle est au service de Dieu pour ton bien… C'est pourquoi il est nécessaire d'être soumis non seulement à cause de la colère mais encore par motif de conscience. »

Quand on se souvient qu'au moment où il écrit, Jérusalem était occupée par les armées romaines, il est d'autant plus frappant de constater que Paul le juif ne discute pas la légitimité de l'autorité impériale ; il déclare qu'elle est établie par Dieu. Bien plus, en plaçant ses lecteurs romains devant une institution divine, il rend impossible une contestation de principe de cette autorité ; cela reviendrait à s'opposer à Dieu.

Cependant, la force de cette affirmation repose sur l'*a priori* que le pouvoir politique a pour objectif le bien des populations, la protection des honnêtes gens et la répression de ceux qui font le mal. C'est pourquoi, conclut-il, il est nécessaire d'être soumis non seulement par peur du glaive, mais par motif de conscience. Cette exigence supplémentaire qui semble accentuer la soumission, fonctionne en fait comme une ouverture... En effet si le pouvoir politique se détournait de sa mission, si au lieu de réprimer le mal il l'encourageait, que devrait-on faire en conscience? Cette question n'est pas abordée par l'Apôtre, mais elle reste posée. On connaît en tout cas une réponse apostolique : « il vaut mieux obéir à Dieu plutôt qu'aux hommes » (*Ac* 4, 19).

Un autre texte, tiré de la *Première lettre à Timothée* (2,1-3), peut être considéré comme « conservateur ». Il encourage les fidèles à la prière pour ceux qui sont en position d'autorité; cette exhortation est ainsi justifiée : « afin que nous menions une vie paisible ». Il est incontestable que la *paix romaine* a profité à l'évangélisation et l'apôtre Paul s'est inscrit sans état d'âme, semble-t-il, dans ce monde-là, allant jusqu'à en appeler à César pour que justice lui soit rendue, à lui citoyen romain... (cf. *Ac* 25,12). Du point de vue politique manifestement l'Apôtre n'a pas de projet révolutionnaire...

Ajoutons à ce conservatisme politique, un conservatisme social qui a souvent été relevé. Je ne mentionne ici que sa position concernant l'esclavage. C'est évident! L'apôtre Paul ne remet pas en question les grandes fractures sociales de l'époque. À Corinthe, puisque nous allons citer une lettre adressée à la communauté de cette ville, la société est très inégalitaire et les esclaves ne sont pas quelques-uns, mais le tiers de la population; ils font partie du paysage social et personne ne songe à en appeler à des droits de l'homme encore à inventer. Dans cette lettre, l'apôtre conseille ainsi: « Que chacun demeure dans la condition où il était lorsqu'il a été appelé. Tu étais esclave quand tu as été appelé? Ne t'en soucie pas; même si tu peux devenir libre, mets plutôt à profit ta condition. En effet l'esclave qui a été appelé dans le Seigneur est un affranchi du Seigneur; de même l'homme libre, qui a été appelé est un esclave du Christ... » (1 *Co* 7, 21-24).

Apparemment difficile d'être plus conservateur. Mais sur quoi son argumentation repose-t-elle?

- D'abord sur la relativisation des notions d'esclavage et de liberté... On conviendra quand même qu'il vaut mieux être esclave du Christ que d'un maître humain, aussi bon soit-il!
- Ensuite sur une conviction formulée plus loin: « le temps est court ». Ce qui signifie que dans le bref laps de temps restant avant le retour du Christ tout est relativisé; il conseille donc de vivre « comme si... », usant de ce monde comme n'en usant pas réellement, car ce monde passe... (1 *Co* 7, 21). Pour l'apôtre il n'y a qu'une urgence: se mobiliser pour le service du Seigneur Jésus-Christ.

L'évangile de Paul n'est décidément pas un message d'émancipation politique ou sociale, mais bien de libération. Il sait que la condition d'homme libre est préférable à celle d'esclave, mais il souligne que la liberté de l'affranchi reste une liberté serve tant que l'homme n'est pas libéré de son asservissement au péché qui pervertit sa liberté (*Rm* 7, 7). C'est la libération de la puissance du péché, libération acquise « en Christ », qui crée une véritable liberté au cœur de toute condition humaine et qui donc bouleverse les relations humaines et fait inévitablement bouger l'ordre social. On peut donner comme exemple de cette transformation la lettre que l'Apôtre écrit à Philémon. Onésime, l'esclave de Philémon, s'était enfui de chez son maître; or il est devenu chrétien auprès de Paul alors que celui-ci est prisonnier, ce qui ajoute à la force de la démonstration. Paul le renvoie à son maître mais avec ce mot à Philémon : « tu le retrouves pour toujours, non plus comme esclave mais... comme un frère bien-aimé. » C'est la libération spirituelle qui produira l'émancipation sociale. Mais l'histoire ne dit pas si le frère Onésime a été affranchi...

Après ce portrait de Paul en conservateur, sur quoi peut bien se fonder un portrait de Paul révolutionnaire ?

Vous l'avez déjà perçu, si révolution il y a, elle ne peut qu'être intérieure; elle va se dire avec le mot *conversion.* Saul devenu Paul apparaît comme une sorte de paradigme; en raison de sa rencontre avec le Christ sur le chemin de Damas, lui, observateur intransigeant de la Thora et persécuteur des chrétiens devient l'Apôtre des nations ! Ce qu'il écrit aux Philippiens montre bien la profondeur de la transformation; en effet, après avoir rappelé tous ses titres de gloire « selon la chair » : « circoncis le huitième jour, de la lignée d'Israël, Hébreu, né d'Hébreux, quant à la loi pharisien », etc. il conclut : « mais ce qui était pour moi un gain, je l'ai considéré comme une perte à cause du Christ... » (*Ph* 3, 4-8).

La conversion de Paul pose ainsi une question importante qui n'est pas hors sujet : que faire de la Loi et de l'héritage juif ? Est-il passé simplement par perte et profit ?

Dans sa *deuxième lettre aux Corinthiens*, il donne un début de réponse quand il écrit : « Dieu nous a rendu capables d'être ministre d'une alliance nouvelle, non pas de la lettre, mais de l'Esprit ; car la lettre tue, mais l'Esprit fait vivre... Or le Seigneur c'est l'Esprit ; et là où est l'Esprit du Seigneur là est la liberté » (*2 Co* 3, 17-18).

La révolution pour l'Apôtre c'est bien la rencontre avec le Christ ; une rencontre qui n'est pas une expérience éphémère mais une communion. C'est à partir du « en Christ » que Paul comprend tout dorénavant, l'avenir comme le passé.

L'avenir

Quelques mots tirés de sa *lettre aux Galates* montrent bien les conséquences qu'il tire de ce lien essentiel avec le Christ, non seulement pour lui mais pour tout chrétien. « Vous tous qui avez reçu le baptême du Christ, vous avez revêtu le Christ. Il n'y a plus ni juif ni grec, il n'y a plus ni esclave, ni homme libre, il n'y a plus ni homme ni femme, car vous tous, vous êtes un en Jésus-Christ. » Il y aurait beaucoup à dire sur cette déclaration qui prend le contre-pied d'une prière juive, mais nous voyons comment fonctionne l'enracinement en Christ pour l'Apôtre : il détermine toutes les relations. Il ne s'agit pas d'une conception égalitariste qui abolirait les distinctions, mais d'une réhabilitation de chacun en Christ. L'application sociopolitique ne sera donc pas un pseudo égalitarisme, mais le droit de chacun à être respecté et accueilli quelle que soit sa condition. Indéniablement, cette révolution intérieure a fait du chemin.

Le passé

Qu'advient-il du passé, comme l'apôtre gère-t-il son héritage ? En quoi l'alliance en Christ est-elle nouvelle ? Cette nouveauté a été vue comme radicale et l'apôtre Paul est devenu le prototype de l'homme nouveau et universel. C'est ainsi que l'on peut écrire ceci au XXIe siècle « la pensée paulinienne imprègne toute notre conception de la politique ; elle en organise, le plus souvent à notre insu, les principales articulations[2] » ; « nous envisageons toujours le changement comme une rupture brutale par rapport à une époque considérée comme dépassée défaillante et dont la seule dignité consisterait à avoir esquissé notre glorieux présent[3] ».

Il est probable que l'Apôtre aurait du mal à se reconnaître dans ces disciples. En premier lieu parce que, pour le lecteur attentif de ses lettres, il est évident que Paul a constamment cherché à fonder sa théologie en lien avec son héritage juif. Il ne dénigre pas, il interprète. On peut contester son interprétation de l'histoire, on ne peut remettre en cause son intention.

---

2. Jean-Michel REY, *Paul ou les ambiguïtés*, éd de l'Olivier, 2008.
3. Jean BIRNBAUM, « Paul, la révolution en bégayant », *Le Monde*, 5 décembre 2008.

L'inauguration des temps nouveaux ne passe pas par le discrédit du passé. Au contraire, ce qui est nouveau est compris à la lumière de la promesse, dans la continuité d'une histoire lue depuis Abraham. Discuter cette vision nous conduirait trop loin, mais il est indispensable de rappeler l'effort constant de l'Apôtre cherchant à comprendre comment la révélation qu'il reçoit s'inscrit dans l'histoire. J'en donne deux exemples.

Quand il énonce le principe de la justification par la foi dans sa *lettre aux Romains*, il prend soin de dire que cette justice de Dieu est attestée par la Loi et les prophètes[4], et il montre qu'Abraham, lui aussi, a été justifié par la foi[5] !

Dans la même lettre, il tente d'expliquer le rejet de son Évangile par beaucoup de ses frères israélites, ce qui lui cause une grande douleur et lui pose une question poignante. Il reprend donc l'histoire d'Israël non pas pour le rejeter mais pour proposer la perspective d'une intégration finale qui met en demeure les non-juifs de ne pas faire les fiers[6].

Décidément Paul ne fait pas table rase du passé, c'est au point qu'on pourra lui reprocher de le récupérer !

Paul a choisi la faiblesse

Si la politique a quelque chose à faire avec le pouvoir, nous devons être attentifs au fait que l'Apôtre a fait le choix de la faiblesse, de la non-puissance. Il n'a

4. *Rm* 3, 21.
5. *Rm* 4.
6. *Rm* 11.

voulu connaître que le Christ crucifié, écrit-il aux Corinthiens ; en d'autres mots, il a voulu emprunter le même chemin que son maître, celui du service et non de la domination. Il en fait la preuve dans ses relations avec les Églises, « *s'il faut faire le fier,* écrit-il, *c'est de ma faiblesse que je ferai ma fierté*[7] ». En cela, il n'est pas plus politique que Jésus disant à ses disciples « Les chefs des nations dominent sur elles en Seigneur, les grands leur font sentir leur autorité. Il n'en sera pas de même parmi vous. Au contraire, quiconque veut devenir grand parmi vous sera votre serviteur[8]... »

La révolution intérieure qui a transformé l'être au monde de Paul le conduit dans un engagement constamment tempéré par la conviction que c'est Dieu qui agit. En voici quelques preuves : « Moi j'ai planté, Apollos a arrosé, mais c'est Dieu qui faisait croître » (*1 Co* 3,5). La parole qu'il reçoit de Dieu après sa triple prière de demande de guérison : « ma grâce te suffit, car ma puissance s'accomplit dans la faiblesse » est tout un programme de vie (*2 Co* 12,9).

La conviction qui avait en partie expliqué son peu d'intérêt pour l'amélioration de la condition sociale de ses frères, conviction que la fin de monde était proche permet aussi de comprendre que pour lui la véritable justice ne peut venir que de Dieu et ne sera véritablement installée que lorsque le Christ établira son royaume.

---

7. 2 *Co* 11, 30.
8. *Mt* 20, 26.

Que conclure pour notre propre conduite aujourd'hui ?

Avec toute la prudence que demande la distance culturelle, mais usant de la liberté de parole, *parrèsia*[9], que revendiquait l'Apôtre, je dirai que Paul ne pouvait envisager de rôle politique pour les communautés chrétiennes du Ier siècle, leur importance était dérisoire. Mais rien dans ses lettres ne laisse percevoir un programme de cet ordre. C'est à noter comme contre-modèle dans une société où le culte de l'empereur tendait à devenir un devoir citoyen ! Il n'envisage certainement pas d'installer un royaume humain avec le culte obligatoire du Christ.

Dire cela n'implique pas que les chrétiens soient destinés à vivre hors du monde[10]. En revanche, cela spécifie l'origine de leur engagement, il est intérieur, lié à leur relation avec le Christ et donc marqué par une liberté (chrétienne) inaliénable. Cela n'implique pas non plus que les Églises soient condamnées au repli dans le domaine spirituel. Cela n'a pour conséquence que la préservation de la liberté d'une communauté qui ne sert qu'un seul maître. Sa force n'est pas dans les alliances et la puissance des hommes mais dans une humble parole crédibilisée par le comportement. Il s'agira de servir le prochain au nom du Christ, animé par son *agapè*.

---

9. Le sens premier sens est politique, c'est le droit de faire connaître sa pensée, c'est le privilège du citoyen, signe de sa liberté politique. Cette liberté de langage caractérise la prédication de Paul à Damas (*Ac* 9, 27) à Antioche de Pisidie (13,46) à Iconium (14,3), Éphèse (19,8), devant le roi Agrippa (26,26).

10. Cf. *1 Co* 5,9.

Vivre dans la cité : les choix de Paul

Mme Marie-Françoise Baslez

« Vivez en citoyen d'une manière digne de l'évangile du Christ » (*Ph* 1,27) : en donnant cette ultime consigne à ses convertis de Philippes, Paul fait le choix de l'engagement politique[1]. Tout au moins au sens large où l'entendaient les Grecs, en termes de participation diverse à la vie publique et aux différentes activités communautaires. L'homme antique est un « animal politique », ainsi que l'avait dit Aristote[2], et il ne pouvait s'accomplir que dans le cadre de la communauté civique, en se consacrant à l'intérêt commun. Le communautarisme, au sens où nous l'entendons aujourd'hui, était donc inconcevable.

1. *Politeuesthai* a un sens politique précis, car cette expression est adaptée d'une formule stéréotypée : celle des privilèges octroyés par les souverains antiques aux communautés religieuses et en particulier aux Juifs, qui déterminaient la marge de liberté religieuse laissée par un État pluraliste dans une politique d'intégration civique (voir la lettre royale citée dans *2 M* 11,25 ; « qu'ils puissent vivre en citoyens selon leurs normes de vie ancestrales »). S'adressant, comme Paul, à des Romains et à des Grecs, Flavius Josèphe lui donne toujours un sens politique, qu'il s'agisse de l'« entrée dans la vie publique », de la « conduite des affaires » ou de la participation à des Conseils représentatifs. D'ailleurs, dans une formule parallèle, pour inviter à « une conduite privée digne de Dieu » (*1 Th* 2,10), Paul utilise à son habitude le verbe *peripatein* et la métaphore de la marche.

2. *Politique* 1253 a 7.

Mais ce n'était pas un choix évident pour des croyants vivant leur foi dans un État et dans une société qui ne la partageaient pas. Dans un empire pluraliste, où la tentation du relativisme religieux fut indéniable, les premières communautés chrétiennes se sont trouvées placées devant la même alternative que les synagogues de la Diaspora : travailler à renforcer l'esprit de corps, quitte à rompre plus ou moins avec l'environnement familial et social en adoptant des pratiques telles que la mise en commun des biens, ou bien jouer le jeu de l'intégration civique proposée par les pouvoirs publics et la société tout entière. Pour Paul, ce ne fut pas un choix facile à faire. Dans cette même épître aux Philippiens, il écrit ailleurs que « pour nous, en effet, notre communauté civique[3] est dans les cieux, d'où viendra aussi le sauveur que nous attendons » (*Ph* 3, 20), invitant par là, semble-t-il, les chrétiens de Philippes à dépasser la question des droits civiques, qui agitait les habitants de cette colonie romaine. Le destin des chrétiens ne se joue pas en « ce monde qui passe » (*1 Co* 7,31). Paul est-il donc, au fond, indifférent au monde et à l'action dans le monde ? Pour certains, ce serait son

---

3. Traduction littérale. Le sens de *politeuma* est différent de celui de *polis*, « cité », et aussi de celui de *politeia*, « citoyenneté », « gouvernement ». Cette désignation s'applique à des communautés, ethniques ou militaires, qui se sont organisées sur le modèle de la cité, comme l'ont fait certaines communautés juives en Cyrénaïque et en Égypte (sens confirmé par les études papyrologiques les plus récentes). Cela implique des avantages institutionnels, le terme pouvant aussi s'entendre des « droits civiques », en particulier dans la langue officielle en Macédoine. Pour la plupart des commentateurs, Paul fait un jeu de mot sur la double appartenance des chrétiens de Philippes à une colonie romaine et à une communauté eschatologique de croyants.

indifférence au monde et la certitude de l'imminence de la fin des temps qui lui auraient permis d'accepter si facilement la domination étrangère et de légitimer l'autorité établie (*Rm* 13,1-7)[4]. Mais on peut aussi considérer que Paul utilise ce vocabulaire politique technique parce qu'il se meut naturellement dans la sphère politique, qu'il se pense et qu'il pense en citoyen.

À bien lire les épîtres, Paul apparaît lui-même comme cet « animal politique » au sens où l'entendait Aristote, car sa pratique missionnaire témoigne qu'il a compris et qu'il a fait sien le principe de participation qui structure la cité antique. Celle-ci est fondée sur des communautés de base, que sont les familles ou plutôt les « maisonnées », et elle se construit sur toutes sortes de réseaux associatifs dans une parfaite continuité de la base au sommet. Or, c'est bien la « maisonnée » qui fonctionne comme la cellule-souche de la mission paulinienne et c'est sur le mode associatif que doit se développer la communauté chrétienne, comme le montre, à mon sens, l'intérêt porté par Paul aux questions de sociabilité et de convivialité dans la première épître aux Corinthiens. Certes, pour le converti qui s'est voué totalement et indéfectiblement au Christ, ce double engagement au Christ et dans le monde peut causer bien des « tiraillements », pour reprendre encore une expression de Paul, quand il évoque une certaine attraction du martyre et du

4. L'acceptation du « tribut » (*phoros*, terme technique) à payer à l'Empire (*Rm* 13, 6-7), en plus des « taxes » locales (*télè*) à payer à la cité, renvoie explicitement à la question de la domination étrangère, le tribut étant la redevance recognitive d'une soumission.

retrait définitif du monde (*Ph* 1,23). Parfois, l'imminence de la fin des temps l'emporte sur toute autre considération, dans le sentiment que ce monde-ci ne vaut plus la peine d'être vécu (*1 Co* 7,29-31). Cependant, si Paul est tendu entre deux mondes, il n'a jamais une vision totalement négative du monde extérieur et prête au contraire beaucoup d'attention aux « gens ordinaires », c'est-à-dire aux « non-croyants » (*1 Co* 14,23-24) : son souci constant d'une bonne communication suffit à le prouver. Il peut ainsi élaborer progressivement une dialectique de l'existence chrétienne inscrite dans le monde : les chrétiens sont dans le monde sans être du monde ; ils sont des « flambeaux dans le monde » (*Ph* 2, 15) et ils ont donc, de ce fait, une responsabilité politique. Se trouve ainsi posé le fondement d'une religion éthique, longuement développé plus tard, à la fin du IIe siècle, dans l'*Épître à Diognète*. Le « paradoxe » chrétien est de vivre avec les autres et comme les autres, tout en réglant sa conduite sur une autre table des valeurs que celle du monde[5].

Il ne doit pas y avoir seulement « tiraillement » entre l'ordinaire de la cité où vivent les chrétiens et les valeurs transcendantales auxquelles ils aspirent, mais interaction entre les deux plans. C'est ainsi que Paul engage ses communautés dans l'action sociale. Plusieurs de ses prescriptions aux Corinthiens visent à réduire ce que l'on appellerait aujourd'hui la « fracture

5. *Épître à Diognète* 5, 1-4 et 9 (Les chrétiens « passent leur vie sur la terre, mais sont citoyens au ciel », à rapprocher évidemment de *Ph* 3, 20). L'auteur s'inspire souvent et directement de Paul. Le chapitre 6 développe le thème des chrétiens « âme du monde ».

sociale », risque inhérent à toutes les cités antiques et que reflète l'Église locale dans son fonctionnement et dans ses comportements. Paul marque de l'intérêt pour les questions économiques et financières[6]. Sa pratique missionnaire, qui récupère la tradition juive de la collecte et pose le principe de l'entraide entre les communautés, aboutit à mettre celles-ci en réseau et à témoigner ainsi de l'universalisme de la mission chrétienne, sans se replier sur elles-mêmes.

Parce que Paul conçoit d'emblée ses Églises comme des communautés ouvertes, inscrites dans une cité et dans un cadre régional, on comprend mieux qu'il ait validé l'État romain, non pas par indifférence ni même seulement par pragmatisme, mais dans la conviction que l'Empire ouvrait un espace et constituait un instrument au service des vraies valeurs, celles de l'évangile. Pour lui, l'État est d'abord une institution nécessaire qui protège et qui régule (*Rm* 13,1-7). En effet, l'homme antique reconnaissait une finalité éthique à l'État en ce qu'il engage individus et collectivités dans l'intérêt commun. La citoyenneté est la façon de penser le bien et de vivre ensemble : « Il s'agit donc de mettre en œuvre la communauté politique (l'État) pour l'accomplissement d'actions de valeur, sans se contenter d'une simple cohabitation »[7]. Paul développe son point de vue sur la finalité éthique de l'État en reprenant des analyses, traditionnelles en milieu grec, sur la tendance de toute communauté à

6. On relèvera, en particulier, les expressions techniques utilisées de façon plus ou moins métaphoriques dans *Ph* 1,11 et 4,15 et en *Phm* 17-19.

7. Aristote, *Politique* III, 9, 1280b- 1281a.

l'éclatement, surtout si elle est agissante[8]. Pour lui qui a vécu douloureusement cette situation en Galatie, à Corinthe et à Philippes, l'État protège contre toute dérive sectaire puisqu'il fait prendre en compte l'intérêt commun, au-delà des querelles de personnes ou de groupes. Ce risque, Paul l'a perçu à Corinthe tout particulièrement, quand il déplore que la chrétienté locale s'identifie par petits groupes personnalisés – par l'appartenance à Paul, à Apollos, à Céphas ou à Christ – sans vivre pleinement l'unité dans le Christ (*1 Co* 1,11-13). Ainsi, la politique peut apparaître comme une forme de l'amour mutuel qui fonde la communauté chrétienne[9]. L'« ordre voulu par Dieu » (*Rm* 13,2) est donc consensuel, puisque c'est celui du bien commun. Avant Paul, les chefs de synagogues l'avaient déjà compris, qui instituèrent la prière « pour le bien des autorités »[10].

Cependant, la validation de l'État antique et de l'ordre établi n'est pas inconditionnelle, ni définitive. En effet, si Paul reprend des analyses politiques et des principes de son époque, il leur donne une interprétation théologique nouvelle, nourrie par sa christologie.

---

8. *1 Co* 1, 10-11, *Ph* 1, 15-16 et 2, 2 utilisent le lexique du sectarisme traditionnel dans la pensée politique grecque, celui de la « discorde » *(eris)*, de la « rivalité » et de l'« envie », qui sont à l'origine de la *stasis*, la « lutte de factions ». À partir de Clément de Rome (6, 1), les Pères reprennent et développent la même analyse.

9. Cette conception « charitable » de l'éthique politique, qui privilégie l'action sociale sur le service public, est d'ailleurs déjà en germe dans la cité antique à partir du Iᵉʳ siècle avant notre ère.

10. *Pirkè Avot* 3, 2 : « Rabbi Chanina, chef du collège des prêtres, disait : « Priez pour le bien des autorités. Si vous cessez de les craindre, vous allez vous entredévorer ». Rabbi Chanina serait de peu le cadet de Paul.

Quand il écrit que l'ordre établi, l'ordre de l'Empire, est voulu par Dieu, il fait sienne la conviction des auteurs bibliques, depuis le retour de l'Exil, qu'un souverain étranger, non-croyant, peut être choisi par Dieu comme médiateur dans l'économie du salut : le roi perse Cyrus en est le prototype. Mais cette investiture religieuse crée un rapport contractuel entre la communauté de croyants et l'État qui l'abrite[11], et cela oblige le fidèle à garder une certaine distance. L'engagement dans la cité n'exclut pas la résistance, l'essentiel pour le chrétien étant de « tenir ferme » (*Ph* 1,27).

Paul n'est pas au service de l'État en place et il en attend finalement moins que d'autres intellectuels juifs de la Diaspora. À une époque où les communautés religieuses avaient parcouru presque tout le champ des relations possibles entre les religions et l'État, il n'envisage pas pour les chrétiens de statut protégé, ainsi qu'en avaient obtenu les Juifs. Alors que Philon d'Alexandrie, son presque contemporain, percevait l'empereur comme l'unificateur du genre humain[12], l'universalisme politique devant précéder l'universalisme religieux, Paul ne demande pas au pouvoir politique de créer ainsi, autoritairement, le cadre favorable à la mission, mais il l'attend de chaque chrétien dans le Christ. Engagé par son baptême dans un processus d'imitation du Christ, de conversion et de re-création, le chrétien est appelé à redécouvrir l'autre dans le Christ et il est ainsi conduit à construire et à proposer un modèle de changement dans son cadre de

11. Déjà souligné à Alexandrie au début de la domination romaine par l'auteur du livre de la Sagesse (*Sg* 6, 2-4), une génération avant Paul.

12. Philon d'Alexandrie, *L'ambassade à Gaius* 8.

vie immédiat. La société et l'État ont donc vocation à évoluer de proche en proche : en définitive, Paul introduit l'idée de changement, au moins implicitement, dans un monde antique qui la percevait fort peu et qui appréciait plutôt l'action politique comme la restauration d'un passé idéalisé.

Paul n'attend pas que l'État change le monde, mais il anticipe le changement et même il le pense autrement, sans accepter que le religieux se laisse enfermer par le politique. Quand il dépasse les réalités immédiates d'une société extrêmement segmentée en affirmant qu'à l'intérieur de la communauté chrétienne, dans le Christ et dans l'Esprit, il n'y a plus d'inégalités selon la race, la culture, le sexe ou le degré de liberté (*Ga* 3,26-28 ; *1 Co* 12,13), il s'inscrit, en une certaine mesure, dans la pensée philosophique des stoïciens et dans la première expérience de mondialisation, qui faisait réfléchir les notables de l'Empire. Mais il récuse, en fait, la politique d'assimilation qui était en germe au sommet de l'État romain et qui était soutenue par les intellectuels : un jour, tout le monde serait citoyen romain[13] ; un jour, tout le monde participerait de l'éducation grecque dans l'achèvement d'un universalisme culturel porté depuis toujours par l'hellénisme. C'est alors, c'est ainsi que se réaliserait l'unité du genre humain. Paul, au contraire, aboutit à dissocier culture et religion quand il affirme, face à Pierre, que l'on ne peut contraindre les non-Juifs à « vivre en Juif » (*Ga* 2,14), en relevant que Pierre, parmi les convertis grecs d'Antioche, a vécu jusque-là comme

13. Ce qui se réalisera effectivement (pour les hommes libres au moins) en 212 avec la Constitution de Caracalla.

eux, « en non-Juif ». C'est une révolution, sans doute, dans l'histoire des peuples et des États antiques. En effet, la religion y fonctionnait d'abord comme le signe identitaire d'appartenance à un peuple, en même temps que la culture. Être Grec, c'était honorer les mêmes dieux, parler la même langue et avoir les mêmes coutumes[14] ; être Juif, c'était reconnaître Yahvé comme le seul vrai Dieu et observer des pratiques distinctives, qui faisaient du « judaïsme », surtout à partir du IIe siècle, une culture autant qu'une religion[15]. Être chrétien relève au contraire de la seule adhésion personnelle, sans aucun prédéterminé culturel. On peut être chrétien en vivant en Juif ou en vivant en Grec, plus tard dans des cultures indigènes, comme la culture syriaque dès le début du IIIe siècle…

Ainsi Paul a commencé de faire évoluer la notion de religion dans son rapport avec l'État, la culture et la société. Au sens latin du terme, la *religio* devait créer du lien social et c'est ce que les autorités politiques demandaient à toutes les communautés religieuses de l'Empire. Pour l'ensemble des religions antiques, cela consistait surtout à maintenir la paix avec les dieux en assurant une bonne participation aux différentes cérémonies, dans une relation collective et bilatérale avec la divinité. Dans la religion que prêche Paul, la piété est autre chose qu'un ensemble de prescriptions rituelles : c'est une morale applicable aux relations des êtres humains entre eux, et même, plus largement, à

---

14. Hérodote 8, 144.

15. Le concept de « judaïsme » s'élabore au IIe siècle avant notre ère (*2 M* 2, 21), dans un contexte de persécution et donc de remise en cause de l'hellénisme comme modèle culturel à prétention universelle.

l'ensemble des activités humaines. Au lieu d'exprimer et de renforcer des liens préétablis, la religion, désormais, doit en créer de nouveaux. Le chrétien prend place dans un schéma de relations personnelles triangulaire : Dieu, le croyant et les autres. « Vivre en citoyen selon l'évangile », comme l'enseigne Paul, sauvait l'idéal antique de participation civique et d'engagement social, mais renversait aussi l'échelle conventionnelle des valeurs. Le chrétien doit accomplir ses devoirs civiques sans entrer dans la course aux honneurs et sans rechercher avant tout la reconnaissance sociale selon la pratique de la cité antique, où chaque « bienfait » était rétribué sous forme d'« honneurs » à la mesure de l'engagement personnel : l'idéal du service se substitue désormais à celui des honneurs. Le fondement de la morale politique, c'est de servir les autres plutôt que de servir sa propre gloire ou ses propres intérêts (*Ph* 2,4 ; voir aussi 1,15-16, 2,21 et 3, 8-11).

Paul ne fut donc pas le conformiste ou le conservateur que l'on pourrait croire. Mais il faut peut-être trouver ce qu'on pourrait appeler la « révolution paulinienne », là où on ne la cherche pas toujours. Sa mission est davantage fondée sur une mutation des valeurs que sur la revendication immédiate. Certes il a admis l'esclavage et tout le christianisme antique après lui (*1 Co* 7, 20-24), mais quand il enjoint à Philémon de reprendre chez lui, comme son frère dans le Christ, un esclave qui avait fui (*Phm* 15-17), il conteste en définitive l'ordre établi, aussi bien celui du monde gréco-romain que celui de la société juive de son temps[16]. Non seulement,

16. Témoignage de Philon d'Alexandrie, *De virtutibus* 124 ; voir aussi *Quod omnis probus* 148-150.

en effet, la pratique antique ouvrait à l'esclave fugitif l'asile des sanctuaires et conseillait de le revendre à un nouveau maître, mais la loi mosaïque, plus impérativement encore, interdisait de le restituer à son ancien maître et faisait obligation de le garder au foyer où il s'était réfugié (*Dt* 23,16). Obligation légale que Paul dépasse, pour instaurer de nouvelles relations entre les personnes, dans le Christ. L'épître à Philémon et à l'Église qui se réunit chez lui porte ce message d'espérance dont toute société a besoin, mais c'est à l'État, bien sûr, qu'il revient de légiférer en matière de droit de propriété. Paul n'envisage pas d'empiéter sur ses prérogatives.

Premiers textes chrétiens, textes fondateurs, les épîtres de Paul mettent en lumière la question de la place des chrétiens dans la société. En invitant ses contemporains et en nous invitant à « vivre en citoyen, d'une manière digne de l'évangile », il insiste sur la distinction entre le politique et le religieux et sur le devoir, pour tout croyant, d'une cohérence de vie entre sa foi et ses engagements. En même temps, il nous fait prendre conscience de la contribution irremplaçable de la religion à la création du processus éthique qui fonde l'État et la société, dans la recherche et la construction du bien commun. L'obligation de solidarité, consubstantielle à toute communauté civique antique, devient le fondement des Églises chrétiennes à la lumière de l'Évangile. Aujourd'hui encore, à travers ses propres choix et l'évolution complexe de sa pensée, saint Paul nous presse de prendre nos responsabilités.

Dimanche 5 avril 2009

La connaissance mystique de Dieu chez le juif Paul

Cardinal André Vingt-Trois

Prendre Dieu au sérieux

Le cœur de la personne et de l'œuvre de saint Paul se cache en un lieu secret, où sa vie s'est décidée et à partir duquel elle a reçu la fécondité à laquelle les conférenciers de cette année ont rendu témoignage. Je propose de nommer ce cœur de la vie de Paul sa « connaissance mystique de Dieu ». Pour bien comprendre ces mots, je partirai d'une définition ou plutôt d'une description de la mystique, simple et sans doute incomplète, mais fidèle à l'expérience chrétienne et ouverte à d'autres traditions : est mystique celui qui prend Dieu au sérieux.

La Bible dit que Dieu se donne librement comme il veut, quand il veut, à qui il veut. Cette expérience juive et chrétienne inclut une révélation essentielle : Dieu est personnel, Dieu est Sujet. Il possède lui-même cette perfection suprême de l'existence que nous goûtons nous aussi, quand nous nous engageons, dans les relations humaines les plus concrètes et les plus importantes, par des actes où s'exprime et se façonne l'unité spirituelle et corporelle des hommes et

1. La Bible n'est ni un livre de métaphysique, ni un livre scientifique, ni un livre métaphorique et pourtant elle mobilise ces langages humains et leurs enjeux universels. Car la Bible est par-dessus tout un

des femmes que nous sommes. La Bible[1] transmet d'âge en âge l'expérience de l'amour et de l'amitié personnels de Dieu pour les hommes. En choisissant et en aimant le peuple d'Israël, dont il fait son témoin dans l'histoire, Dieu le singularise, le particularise pour le bien de toutes les Nations. Il lui révèle le mystère enfoui au cœur de toute créature, malgré la déformation des violences et des égoïsmes. Ce mystère est le suivant : nous sommes tous porteurs d'une dignité native, universelle et inamissible. Nous sommes et devenons des personnes, des sujets, donnés et révélés à nous-mêmes par la rencontre d'un Autre.

Si Dieu se donne librement, il se reçoit librement. Le don de Dieu est identique pour tous, puisque c'est Dieu lui-même qui se donne, mais chacun le reçoit singulièrement, car Dieu est personnel et sa rencontre personnalise. Qu'est-ce qu'une personne ? Les philosophies, les sciences, les religions cherchent à le dire de multiples manières. Il n'est pas en notre pouvoir de décider qui est personne et qui ne l'est pas. Je dis simplement, à partir de l'expérience biblique, qui exprime ce que tout homme sait plus ou moins clairement : une personne ne se révèle à moi qu'en m'engageant personnellement envers elle. Le mystère de Dieu ou de l'homme ne se reconnaît qu'en risquant dans la

---

livre historique, au sens le plus profond du terme : elle cherche à dire ce qui est essentiel dans l'histoire. Elle enseigne à faire mémoire de l'histoire, à écrire le récit du devenir humain, à rechercher les chemins d'une destinée fraternelle de toutes les Nations. La Bible propose à toutes les Nations d'écouter le récit de « l'histoire sainte » d'Israël comme une parole de Dieu adressée à tous, en tout temps et en tout lieu. C'est pourquoi est inscrite sur son portique d'entrée cette affirmation universelle : « A l'image de Dieu il le créa, homme et femme il les créa » (*Genèse* 1, 26-27).

confiance le tout de mon être dans la rencontre avec lui. La foi-confiance est le meilleur chemin de la connaissance d'une personne. Une telle expérience est partagée par tous ceux qui, à travers le temps et l'espace, prennent soin des plus fragiles d'entre nous. Celui qui accueille un pauvre, ou un étranger, dans sa famille, à un repas de Noël ou de Pâques ; celui qui se met en état de recevoir les gestes d'affection d'un malade ou d'une personne handicapée ; celui qui fait grandir et éduque un enfant, ou visite un vieillard en partageant sa vision du monde et en apprenant de lui les trésors d'humanité qu'il recèle en propre... tous ceux qui accueillent une personne reçoivent d'elle une lumière qui illumine l'intime de leur cœur.

La vie mystique offre une rencontre de cette nature avec Dieu lui-même. Est mystique celui qui cherche à correspondre au don reçu de Dieu, à L'accueillir « en personne », dans la pleine mesure de liberté où Il se donne. Nous connaissons de ces « mystiques » ordinaires : l'enfant qui se prépare à la première communion ; la mère qui exulte de joie en son futur enfant ; l'homme mûr en danger de mort qui se confie à Dieu ; le médecin qui, comme Ambroise Paré, sait dire : « Je l'ai soigné, Dieu l'a guéri » ; le savant qui poursuit avec assiduité la vérité qui se cache dans l'admiration que lui inspire le cosmos ; l'artiste qui interroge les secrets de ce monde et renouvelle l'événement de la rencontre du *Logos* et de la chair...

Les « retournements » de Saul de Tarse, d'Alphonse Ratisbonne, de Paul Claudel, d'Etty Hillesum, d'André Frossard sont des expériences mystiques extraordinaires qui confirment la portée de l'expérience ordinaire de la richesse inouïe de la vie et du réel, que nous faisons tous un jour ou l'autre. La grâce mystique est une visite de Dieu. Elle est toujours surnaturelle, car le mystère divin opère en nous ce qu'il signifie pour Dieu. Elle renouvelle la nature humaine, car le don reçu de Dieu appelle une réponse personnelle, fidèle et courageuse, sans laquelle il ne peut y avoir vraiment de rencontre, d'alliance et de salut. Le sceau d'authenticité de la mystique se trouve dans les œuvres désintéressées que la visite de Dieu donne d'accomplir, dans la communion de Marie, qui écoute la Parole, et de Marthe, qui la met en pratique. Thérèse d'Avila fut mystique dans sa description des « Demeures » de l'union avec Dieu comme dans le récit des « Fondations » par lesquelles elle a renouvelé l'Église.

Pour le mystique, la connaissance de Dieu n'est pas une abstraction, mais un événement décisif, une rencontre et une attente qui ne cessent d'appeler sa réponse. Il y a rencontre mystique dès que le rationaliste ou le sceptique qui sommeille en nous est bousculé, ou vaincu. Dieu ne se réduit plus à une réalité purement extérieure, ou, pire encore à une divinité enfermée dans les images figées d'un catéchisme colorié ou d'une connaissance aseptisée. Dieu, le premier, connaît et aime mystiquement l'homme, chaque être humain. Il n'est pas enclos, – et relégué – dans le ciel, dans l'avenir ou dans le passé, mais il est une Réalité pleinement active, un Autre qui nous révèle comme personnes. La révélation du « Je Suis » ne s'arrête pas à la confession de foi qui dit : « Tu es », mais, dans l'amitié avec Lui, elle conduit à dire : « Je suis avec Toi, aimé par Toi et t'aimant ».

C'est pourquoi les mystiques comparent souvent leur expérience à celle des amoureux, des fiancés, ou des époux, qui nouent des relations de personne à personne, relations où ils sont engagés entièrement, et libérés entièrement, envers Dieu et envers eux-mêmes. Ils deviennent eux-mêmes par la rencontre de l'Autre, comme Henri Bergson l'avait montré[2]. Avec les mots du *Cantique des cantiques*, Thérèse d'Avila et Edith Stein parlent de la mystique comme de Noces : « (L'union mystique est) l'aboutissement à la fois de l'amour de la créature qui aspire et désire (*amor*, *eros*), et de l'amour de Dieu qui se penche avec miséricorde sur sa créature (*caritas*, *agapè*). Au point où ces deux amours se rencontrent, l'union peut petit à petit se réaliser »[3]. Dieu dilate à Sa mesure les capacités d'accueil du cœur qui Le reçoit. Il ouvre son Intimité à qui lui ouvre son intimité, car son Être est personnel et le cœur humain est la source de la vie personnelle et le lieu approprié d'une rencontre en vérité[4].

Ainsi peut-on décrire le lieu et l'enjeu de toute expérience mystique, de toute rencontre au cœur entre l'homme et son Dieu. Dans ce cadre les rencontres personnelles que chacun peut faire avec son Dieu trouvent toutes leur singularité. Celle de Paul de Tarse également. Nous allons à présent dégager quelques traits propres de la manière avec laquelle Paul de Tarse a rencontré cet amour et accepté de prendre Dieu au sérieux.

---

2. *Les deux sources de la morale et de la religion* (1932). Plus récemment, Julia KRISTEVA, *Thérèse mon Amour*, Fayard, 2008.
3. E. STEIN, *La science de la Croix*, Nauwelaerts, 1998, p. 198.
4. *Ibid.*, p. 200.

L'Alliance comme terreau de l'expérience mystique de Paul et la rencontre du « Messie crucifié » (1 Co 1,23)

Il nous faut premièrement nous rappeler que Saul de Tarse a grandi dans le peuple d'Israël. Il appartient au peuple de l'Alliance conclue par Dieu avec Abraham et confirmée avec Moïse. Paul n'a jamais renié cette appartenance. Le judaïsme est une école pour prendre Dieu au sérieux en raison de l'élection : les promesses, la Loi, la connaissance de Dieu, sa miséricorde envers les pécheurs, sa fidélité dans les épreuves, sa Parole éclairant l'histoire, la mémoire des prophètes, la promesse des renouveaux messianiques, la louange des psaumes, les pèlerinages à Jérusalem, le culte, le sacerdoce, l'étude de la Tora, l'adoption filiale (*Rm* 9-11)... sont le support et la clé de l'expérience de Saul sur le chemin de Damas. Mais celle-ci marque une nouveauté dans le parcours de Paul. Pour l'Apôtre des nations, il y a un saut qu'il convient de comprendre entre la défense zélée de l'héritage de ses pères, et l'accueil de Dieu dans la figure du Christ crucifié.

Saul a en effet d'abord vécu comme une épreuve la rencontre de la Voie de Jésus. Cette épreuve l'a conduit à la violence et il s'est fait le persécuteur des premiers disciples juifs de Jésus (*Ac* 7-9). Cette violence, comme toutes celles qui se déchaînent de tout temps entre croyants, mesure l'écart qui demeure entre le cœur malade de l'homme, même sincèrement religieux, mais encore idolâtre, et la sainteté manifestée dans la justice et la douceur de Jésus dont Saul de Tarse va faire l'expérience bouleversante. Et par la rencontre de Jésus de Nazareth, « livré pour nos fautes et ressuscité pour notre justification » (*Rm* 4,25), vont être dévoilés pour Paul les trésors d'amour et de vérité dont est porteuse la tradition de ses pères et de ses Maîtres, les Sages d'Israël. La rencontre de Dieu dans le Messie crucifié (*Ac* 9) devient alors le centre à partir duquel il reprend et réfléchit toute la révélation. « Je n'ai rien voulu savoir parmi vous sinon Jésus Christ et Jésus Christ crucifié » (*1 Co* 2,2). Le Fils de Dieu a assumé la faiblesse et la folie humaines, selon le dessein « mystérieux » de l'incarnation, afin de dévoiler la sagesse et la puissance de Dieu (*1 Co* 2,7-9).

Ce retournement touche en profondeur l'existence même de Paul : « Ma vie dans la chair, je la vis dans la foi au Fils de Dieu qui m'a aimé et s'est livré pour moi » (*Ga* 2,21). Le destin du Messie, rejoignant celui de son peuple et de tout innocent persécuté, exprime l'amour et l'humilité de Celui qui s'est fait fils d'Adam pour récapituler en lui l'histoire (*Ép* 1,10), devenir le nouvel Adam et le Premier-né de la création nouvelle. « Si par la faute d'un seul – lit-on dans la lettre aux Romains – la multitude est morte, combien plus la grâce de Dieu et le don conféré par la grâce d'un seul homme, Jésus Christ, se sont-ils répandus à profusion sur la multitude. » (*Rm* 5,15) La Pâque du Christ est l'étape décisive du travail d'enfantement de la nouvelle création promise, libérée du péché et de la mort (*Rm* 8,22-23). « Il vous faut abandonner votre premier genre de vie et dépouiller le vieil homme, qui va se corrompant au fil des convoitises décevantes, pour vous renouveler par une transformation spirituelle de votre jugement et revêtir l'homme nouveau qui a été créé selon Dieu dans la justice et la sainteté de la vérité. » (*Ép* 4,22-24)

Le Christ a été conduit à son accomplissement par ses souffrances et sa résurrection et est devenu le grand prêtre fidèle et miséricordieux dont les hommes éprouvés ont besoin (*He* 2,17-18). L'enseignement de Paul, et de la tradition juive, sur la valeur expiatoire du martyre du Christ-Messie et de ses témoins pour le pardon des péchés n'est ni dolorisme ni ressentiment, mais reconnaissance de la puissance suprême de la douceur pour la réparation et la rédemption d'un monde violent, dans lequel l'amour divin n'est pas aimé et la dignité absolue de l'homme bafouée.

Ainsi donc, le Christ Jésus a traversé la condition humaine dans la fidélité envers Dieu et l'amour des hommes et inauguré l'Alliance nouvelle et éternelle promise par les prophètes. Celui que Paul rencontre est celui qui est le salut de tous les hommes (*1 Tm* 2,4) et qui va faire de lui l'Apôtre des nations.

« Appelé à être apôtre » (Rm 1,1)

Voici le deuxième point que nous voudrions développer : Pour Paul, la rencontre du Christ et la mission d'apôtre qu'il reçoit ne peuvent être séparées. Il est visité par Dieu pour en être le serviteur.

L'expérience de l'élection, qui constitue Israël comme serviteur de Dieu et prêtre pour les nations, commence avec l'histoire d'Abraham : « En toi seront bénies toutes les tribus de la terre » (*Gn* 12,3). Elle se poursuit quand Moïse transmet aux fils d'Israël, rassemblés au pied de la montagne sainte du Sinaï, la parole qui prépare le don de la Loi et appelle à la garder fidèlement : « Tu seras pour moi un royaume de prêtres » (*Ex* 19,6).

Paul a vécu l'expérience de l'élection, à la manière de Jérémie, comme un appel, une vocation, qui a décidé de son existence orientée vers l'universel : « Quand Celui qui, dès le sein maternel, m'a mis à part et appelé, daigna révéler en moi son Fils... » (*Ga* 1, 15-16). Cet appel l'a changé et révélé à lui-même : il a renoncé à toute violence religieuse, acceptant plutôt le sort des persécutés, non par complaisance envers la douleur, mais par amour du Christ et pour témoigner du don d'une vie plus grande à laquelle tous sont appelés : « ainsi donc la mort fait son œuvre en nous et la vie en vous » (*2 Co* 4,12). Saul le persécuteur choisira pour lui-même le nom de *Paulus*, qui signifie justement « petit ».

Paul a compris l'expérience chrétienne comme une élection et une vocation : le baptême fait des disciples du Messie des apôtres de l'Évangile, des témoins de la vérité sur Dieu et sur l'homme révélée dans la vie et la personne de Jésus de Nazareth. À la lumière de la croix et de la résurrection du Christ, il comprend l'existence humaine comme un appel universel à connaître le Créateur et Sauveur de l'homme (*Rm* 4,17). L'élection chrétienne ne supprime pas l'élection juive. Elle ne la remplace pas. Elle la confirme en y insérant, selon les promesses, les disciples du Messie venus des nations (*Rm* 9-11). « Les dons de Dieu sont sans repentance » (*Rm* 11,32) et la présence de Jésus n'annule pas la mission du peuple qu'il vient sauver. Ceux que Jésus agrège au Peuple saint peuvent désormais chanter avec lui les louanges du Dieu d'Israël et témoigner de l'unité du genre humain.

L'assemblée des disciples du Christ, qui a reçu la visite messianique et le don de l'Esprit consolateur, doit désormais, pour accomplir les Écritures, porter aux nations « l'annonce du salut » que le premier Testament appelle déjà un *évangile*: « Qu'ils sont beaux sur les montagnes les pieds du messager qui annonce la paix, du messager de bonnes nouvelles qui annonce le salut, qui dit à Sion: 'Ton Dieu règne' ! » (*Is* 52,7; cf. *Rm* 10, 15). Jésus a formé ses disciples, dès avant Pâques, pour qu'ils annoncent et étendent le Règne de Dieu. Dans le Christ ressuscité agissant par ses apôtres, Paul reconnaît l'accomplissement de la prophétie d'Isaïe: « C'est trop peu que tu sois pour moi un Serviteur pour relever les tribus de Jacob et ramener les survivants d'Israël: Je fais de toi la lumière des nations pour que mon salut atteigne aux extrémités de la terre » (*Is* 49,6; cf. *Ac* 13, 47). L'annonce de l'Évangile aux nations ne signifie jamais pour Paul une rupture de la relation avec les Juifs; il s'en défend à plusieurs reprises (cf. *Ac* 26; 28, 17-29 texte occidental). Il enseigne au contraire que la gloire d'Israël est l'objet de sa prière intense et de son espérance (*Rm* 9,1-5 et 11,11-15). Paul, théologien et mystique, est responsable de communautés mixtes de croyants, venus d'Israël et des nations, pour lesquelles il cherche un *mode de vivre ensemble* en s'appuyant sur la charité afin de discerner les chemins de Dieu (1 *Co* 12-14; *Rm* 14).

Ces pages de son enseignement doivent aujourd'hui être relues de manière approfondie grâce au nouveau dialogue et à la nouvelle estime mutuelle entre juifs et chrétiens, après des siècles de quasi séparation. Paul, lu dans le contexte de l'ensemble des

Écritures et à la lumière de la tradition d'Israël et de l'Église, peut nous aider, avec nos frères juifs, chacun à notre manière, à mieux comprendre notre mission aujourd'hui dans le monde. La mystique paulinienne de l'élection débouche sur le concept théologique original d'un « universel centré » où la dialectique d'Israël et des nations joue un rôle important. L'élection d'Abraham apportait un principe d'unité après la confusion de Babel (*Gn* 11). À la première Pentecôte chrétienne, en témoignage d'universalité, l'Église des disciples juifs de Jésus parlait déjà toutes les langues. Le salut promis par les prophètes à toutes les Nations est figuré dans la Bible par le pèlerinage à Jérusalem qu'annonce *Isaïe* (2,1-5) et l'Évangile atteint les nations en empruntant pour se répandre les chemins de la diaspora juive (*Ac* 2,1-13).

La Bible adresse un appel à toutes les nations en dessinant la figure d'une histoire commune de l'humanité qui respecte et favorise chaque nation dans sa différence. La foi chrétienne donne ainsi la main à la raison politique pour affirmer que l'unification de l'humanité ne peut ni résulter d'un impérialisme ni se renoncer dans l'indifférence ou l'*apartheid*, mais qu'elle demande un engagement éthique de chaque nation pour accéder à un Bien commun universel de l'humanité.

L'enracinement de l'Église en Israël appartient à son mystère, comme l'a enseigné le concile Vatican II (*Nostra aetate* n° 4). L'Église est catholique parce qu'elle est « dans le Christ comme le sacrement de l'union intime avec Dieu et de l'unité du genre humain » (*Lumen gentium* n° 1), or le genre humain est composé, pour le théologien qu'est saint Paul, d'Israël et des nations. Une conception de l'universel qui s'arracherait à la particularité d'Israël manquerait le véritable apport de Paul et du christianisme à l'histoire des religions, comme à l'anthropologie ou à la philosophie politique.

La sagesse biblique juive et chrétienne est bienveillante envers les efforts que l'humanité consent pour s'unifier, mais elle affirme que le rassemblement universel de l'humanité, s'il se prépare dans l'histoire, ne peut s'achever sans un acte transcendant l'histoire, déjà à l'œuvre dans l'histoire depuis l'élection d'Abraham. C'est un acte de Dieu que l'Église nomme avec saint Paul « la parousie du Christ » et qui mettra fin à la mort et au péché, et à ce que Paul appelle le « mystère de l'impiété » (*2 Th* 2,6-8). Il faut méditer dans la foi cette dimension eschatologique de l'histoire, mais on doit aussi en examiner la signification religieuse du point de vue de la raison, car « l'apparition du Christ au sein du peuple juif » est un phénomène qui, « même pour l'incroyant, mérite une longue méditation »[5].

La parabole de l'olivier franc nous fait entrer dans la théologie de l'histoire de Paul : dans le Christ, fils d'Israël, les nations sont greffées sur l'olivier franc du Peuple de Dieu. Cela peut provoquer jalousie et rancune mutuelles. Les chrétiens doivent entendre cet avertissement aussi ancien que le Nouveau Testament : « ce n'est pas toi qui portes la racine, c'est la racine qui te porte » (*Rm* 11,18). L'Église est nommée le corps du Christ parce qu'elle est le lieu où s'inaugure une décisive

---

5. G. FESSARD, *Pax nostra*, 1935, p. 39-40.

réconciliation des juifs et des païens par la foi au Messie crucifié et ressuscité : « Rappelez-vous qu'en ce temps-là vous étiez sans Christ, exclus de la cité d'Israël, étrangers aux alliances de la promesse, n'ayant ni espérance ni Dieu en ce monde » (*Ép* 2,12). « Aussi soyez accueillants les uns pour les autres, comme le Christ le fut pour vous à la gloire de Dieu. Je l'affirme en effet, le Christ s'est fait serviteur des circoncis à l'honneur de la véracité divine, pour accomplir les promesses faites aux patriarches, et les nations glorifient Dieu pour sa miséricorde » (*Rm* 15, 7-9). Il nous faut le rappeler sans fin !

L'accomplissement des temps

Troisièmement, il nous faut encore comprendre l'urgence dans laquelle se déploie la mystique de l'Apôtre des nations. « Le temps se fait court » écrit-il (*1 Co* 7,29). Paul vit avec sérieux l'urgence de ce nouveau temps et l'annonce avec force : « l'amour du Christ nous presse » et nous invite à vivre en hommes nouveaux « selon la vérité qui est en Jésus » (*Ép* 4,21). « Nous vous en supplions au nom du Christ : laissez-vous réconcilier avec Dieu ! » (*2 Co* 5,14.20). Les concepts bibliques d'« accomplissement » et de « nouveauté » sont au cœur de la mystique de Paul, juif et Apôtre des nations.

Pour Paul, l'accomplissement que le Christ inaugure est d'abord l'accomplissement des temps : « Quand vint la plénitude des temps, Dieu envoya son Fils, né d'une femme, né sujet de la Loi, afin de racheter les sujets de la Loi, afin de nous conférer l'adoption filiale » (*Ga* 4,4). La plénitude des temps est le temps de la plénitude : non pas la fin de l'histoire, ni un surcroît quantitatif de temps, mais un processus qui donne au temps une qualité nouvelle, plénière. Chaque instant devient une porte par où entre le Messie, une porte du Royaume[6]. « Le temps se fait court... car elle passe la figure de ce monde » (*1 Co* 7, 29.31). Comme Paul le dit au sujet de l'Eucharistie : « Chaque fois que vous mangez ce pain et buvez cette coupe, vous annoncez la mort du Seigneur jusqu'à ce qu'il vienne » (*1 Co* 11,26).

La plénitude des temps est un événement messianique ; elle a une dimension anthropologique et universelle. L'incarnation et la résurrection du Christ restaurent l'unité de la chair et de l'esprit, blessée par le péché et par la mort ; elles concernent donc tous les hommes, qui tous naissent et doivent mourir. Dieu est le créateur et le sauveur de tout homme et de tout l'homme, c'est pourquoi tout enfant des hommes a droit au respect absolu de sa dignité personnelle de la conception à la mort. Divisée en elle-même par le péché (*Rm* 7,22-23), l'humanité retrouve son unité par le salut du Christ. Ce message mystique de Paul n'a pas fini d'interroger la conscience des hommes, qui est le cœur secret de l'histoire, et de susciter, bien au-delà de l'Église, des progrès dans la quête de la justice.

Saint Paul a expérimenté et nommé la fragilité de l'homme et chanté la puissance de salut du Christ. Nul ne peut se sauver par ses actes, mais en étant conformé au Christ en qui est accompli le salut. « Vous tous,

6. G. AGAMBEN, *Le temps qui reste. Un commentaire de l'Epître aux Romains*, Payot Rivages, 2000.

baptisés dans le Christ, vous avez revêtu le Christ » (*Ga* 3,27). « Ainsi la Loi nous servit-elle de Pédagogue jusqu'au Christ pour que nous obtenions de la Foi notre justification » (*Ga* 3,24). Entre la Loi donnée à Moïse et la Foi du Christ, il n'y a pas pour Paul opposition et rupture, mais unité et accomplissement dynamique. Le précepte : « Tu aimeras ton prochain comme toi-même » accomplit la Loi (*Rm* 13,9), et le Christ en a dévoilé la pleine signification.

La charité est le chemin de l'unification et de l'authentique libération de chacun et de tous. « Vous en effet, mes frères, vous avez été appelés à la liberté, seulement que cette liberté ne se tourne pas en prétexte pour la chair, mais par la charité mettez-vous au service les uns des autres » (*Ga* 5,13). Par l'Esprit Saint, la charité est répandue dans les cœurs (*Rm* 5,5) pour en faire des cœurs de chair, partageant les sentiments du Christ (*Ph* 2,1-11). « Maintenant demeurent ces trois : foi, espérance, charité, mais la plus grande d'entre elles, c'est la charité » (*1 Co*13,13).

L'Eucharistie, qui unit ses disciples du Christ à son offrande, leur donne de vivre par Lui, avec Lui et en Lui. En prescrivant au soir de la Cène : « vous ferez cela en mémoire de moi » (*1 Co* 11,23-25), selon la formule que Paul transmet aux Corinthiens, le Christ désigne l'Eucharistie comme le mémorial et l'actualisation de l'offrande de sa vie. Par elle, l'Église devient sacramentellement le Corps du Christ en tout temps et en tout lieu. « Nul n'a jamais haï sa propre chair, on la nourrit au contraire et on en prend soin. C'est justement ce que le Christ fait pour l'Église : ne sommes-nous pas les membres de son Corps ? » (*Ép* 5, 29-30)

La résurrection sera l'unité enfin accomplie de l'esprit et de la chair, dont la communion au corps du Christ donne le gage et les arrhes. La résurrection du Christ suscite et garantit l'espérance de la foi dès ses premiers pas : « si les morts ne ressuscitent pas, le Christ non plus n'est pas ressuscité » (*1 Co* 15,16). L'espérance n'est pas la conséquence consolante de la foi, mais un élément interne de son dynamisme. Car la foi n'est pas d'abord un acte intellectuel, mais une connaissance personnelle et mystique du Christ : « le moyen de posséder déjà » la résurrection « espérée » (*He* 11,1).

« Tout Israël sera sauvé » Romains 11, 26

L'accomplissement des promesses en Jésus et l'avènement des temps nouveaux semblent cependant échapper à la plus grande part du Peuple de l'Alliance. Il nous faut finalement saisir avant de conclure comment la relation mystique de Paul et de son Seigneur intègre ce qui apparaît comme un manque.

Israël, peuple de Dieu est pour toujours son fils aîné : « Quand Israël était jeune, je l'aimais et d'Égypte j'ai appelé mon fils » (*Os* 11,1 ; cf. *Rm* 9,4). « Ainsi parle le Seigneur : mon fils premier-né, c'est Israël » (*Ex* 4, 22). La prophétie d'Osée et la parole de Dieu adressée à Moïse pour qu'il la redise à Pharaon annoncent le jour où s'accomplira la bénédiction de Dieu sur les ennemis d'Israël enfin réconciliés, selon la prophétie d'Isaïe : « Ce jour-là, une chaussée ira d'Égypte en Assyrie. Les Assyriens viendront en Égypte et les Égyptiens en Assyrie. Les Égyptiens adoreront avec les Assyriens. Ce jour-là, Israël viendra le troisième, avec l'Égypte et l'Assyrie. Telle sera la bénédiction que dans le pays prononcera le Seigneur, le tout-puissant: 'Bénis soient l'Égypte, mon peuple, et l'Assyrie, œuvre de mes mains, et Israël, mon héritage' » (*Is* 19,23-25).

Pour Paul, cette promesse commence à s'accomplir dans le Christ. Les disciples du Messie venus des nations ont part à la bénédiction de la descendance d'Abraham (*Gn* 22,18), non pas à la bénédiction du fils de la servante, Ismaël, mais bien à celle donnée à Isaac et transmise par lui à son fils Jacob, nommé Israël, et à ses Douze fils. Les disciples du Messie venus des nations entrent dans son Corps pour avoir part à son Esprit, non en se substituant à Israël, ou en le surclassant, mais en ayant part à sa dignité: « À me lire, dit Paul, vous pouvez vous rendre compte de l'intelligence que j'ai du mystère du Christ. Ce mystère n'avait pas été communiqué aux hommes des temps passés comme il vient d'être révélé maintenant à ses saints apôtres et prophètes dans l'Esprit: les païens sont admis au même héritage, membres du même corps, bénéficiaires de la même promesse dans le Christ Jésus par le moyen de l'Évangile » (*Ép* 3,4-6).

Les nations ne prennent pas la place du fils aîné: c'est impossible. Tant qu'Israël n'a pas reçu toute la gloire qui lui vient de son Messie, celle-ci n'est pas complète (*Rm* 11,25-29). L'accomplissement de sa propre judéité, vécu par Paul dans la rencontre du Christ, n'est pas achevé pour lui tant qu'il est en pèlerinage dans ce corps. Le disciple demeure tendu en avant vers le Christ qui l'a saisi et qu'il cherche à connaître comme il est connu de Lui (*Ph* 3,12-14).

Ainsi s'accomplit la vocation d'Israël : le fils aîné de Dieu ne perd pas son rang, ni son statut d'héritier, quand il le partage à ses frères cadets. Le partage de l'adoption filiale ne se fait pas par une sorte d'extension, mais par une intériorisation. L'Esprit Saint renouvelle le cœur des juifs et des païens quand il donne à l'olivier franc d'Israël de porter des fruits nouveaux à travers des rameaux venus de l'olivier sauvage, greffés sur l'arbre franc de la promesse. Paul ne nous enseigne aucune théologie de la substitution, puisque « les dons et l'appel de Dieu sont sans repentance », mais il nous avertit que tous, juifs et païens, sont bénéficiaires de la miséricorde divine (*Rm* 11,32).

Dans la parabole du Père et des deux fils, en *Luc* 15, non seulement le fils cadet ne perd rien de ses droits à l'amour paternel quand il a dilapidé les biens de son héritage, mais le fils aîné, à l'heure même où il refuse la miséricorde du Père et la réconciliation avec son frère, demeure celui à qui il est dit : « Mon enfant, toi tu es toujours avec moi, et tout ce qui est à moi est à toi » (15, 31). La générosité paternelle est source pérenne de réconciliation pour tout conflit fraternel. Paul sait ce qui reste voilé de la gloire du Christ aux yeux de ses frères juifs (2 *Co* 3,14-18) ; il pressent l'orgueil qui peut saisir les Nations : « Ne t'enorgueillis pas ! Crains plutôt, car si Dieu n'a pas épargné les branches naturelles, prends garde qu'il ne t'épargne pas davantage » (*Rm* 11,20-21).

Deux générations après le martyr de Paul, Rabbi Aqiba pouvait danser sur les ruines du Temple de Jérusalem, détruit par les Romains, dans l'assurance que Celui qui avait accompli la prophétie qui disait qu'il en serait ainsi accomplirait aussi celle qui annonce sa reconstruction définitive[7]. Dans l'histoire, souvent si négative et douloureuse, des relations des juifs et des chrétiens, les craintes de Paul ont été hélas trop souvent confirmées. Réjouissons-nous de ce que sa prophétie d'une émulation de sainteté entre Israël et l'Église le sera aussi, par la grâce de Dieu, et produira davantage de beaux fruits pour le salut du monde (*Rm* 11,14).

Paul sait éclairer les choix singuliers des cœurs, comme l'histoire universelle, par la lumière qui vient des saintes Écritures et de la tradition. Il ne sépare jamais l'esprit de la lettre, qu'il lit dans la foi au Christ Jésus. C'est ainsi qu'il demeure attentif à la fidélité de Dieu envers son peuple et aux surcroîts cachés de sa miséricorde. Gardons-nous de négliger un tel témoignage quand nous lisons avec lui la Bible !

« Dieu tout en tous » (1 Co 15,28)

L'espérance de l'accomplissement du dessein de Dieu dans le Christ oriente et éclaire la vie de Paul et sa pensée. Au terme de cette conférence, écoutons-le encore une fois : « laissez-vous réconcilier avec Dieu » (*2 Co* 5,20) qui veut « tout récapituler dans le Christ » (*Ép* 1,22-23). En lui, « il n'y a plus ni juif, ni grec, il n'y a plus ni esclave, ni homme libre, il n'y a plus l'homme et la femme, car tous vous n'êtes qu'un dans le Christ » (*Ga* 3,28). Au terme « Dieu sera tout en tous » (*1 Co*15, 28).

7. Cf. Talmud de Babylone, traité *Makkot* 24 a-b cité par P. Lenhardt et M. Collin, *La Torah orale des pharisiens. Textes de la Tradition d'Israël*, Cahiers Evangile Supplément 73, Cerf, Paris, 1990, p. 93-94.

L'aspiration mystique de saint Paul ne le fait pas échapper à l'histoire, mais lui enseigne à aimer mystiquement l'histoire, comme le lieu où se prépare la rencontre de Dieu. Son sens de l'universel ne le conduit pas à récuser, mais à confirmer la signification de l'élection d'Israël quand il la relit dans le Christ. Paul, en désignant le Christ comme « notre paix », nous indique à la fois le but et le chemin : faire de nos diversités, toujours en conflit, des lieux de réconciliation grâce à la recherche en commun de Dieu, l'Autre divin, éprouvé comme plus intime et plus grand que nous-mêmes.

Intervenants

Giorgio Agamben, philosophe italien, éditeur de l'œuvre de Walter Benjamin en Italie, tourné vers la philosophie politique et l'esthétique, enseigne actuellement à l'université de Venise et donne régulièrement un séminaire au Collège international de philosophie à Paris. Parmi ses très nombreux ouvrages : *Homo Sacer* (plusieurs tomes, Le Seuil, 1995-2008), *Le Temps qui reste, commentaire de l'Épître aux Romains* (Payot-Rivages, 2000). En 2006, il a reçu le Prix européen de l'essai Charles Veillon pour l'ensemble de son œuvre.

Marie-Françoise Baslez, ancienne élève de l'École normale supérieure, agrégée d'histoire, professeur d'histoire ancienne à l'Université de Paris XII, anime un séminaire à l'École normale supérieure et enseigne aux Facultés jésuites de Paris. Publications récentes : *Saint Paul, artisan du monde chrétien* (réédition augmentée du *Saint Paul* de 1991 ; Fayard), *Bible et histoire. Judaïsme, hellénisme, christianisme* (Folio Histoire), *Comment notre monde est devenu chrétien* (CLD). Elle a reçu le Prix Chateaubriand 2007 pour *Les persécutions dans l'Antiquité* (Fayard).

Claude Baty, pasteur de l'Église évangélique, président de la Fédération protestante de France, titulaire d'une maîtrise en théologie et d'un certificat d'études bibliques de l'Institut Catholique de Paris. Il a présidé la commission synodale de l'Union des Églises évangéliques libres de France, de 1983 à 1999 et le Comité français de Lausanne, de 1993 à 2003. Il préside l'Alliance biblique française depuis 1997, la Commission biblique de la Fédération protestante de France depuis 2000 et depuis juillet 2007. Claude Baty est marié et père de deux enfants.

Mgr Pierre Debergé, prêtre du diocèse d'Aire et Dax, docteur en théologie et licencié en sciences bibliques, diplômé de l'Université hébraïque de Jérusalem. Il a enseigné au séminaire de Dax et de Bayonne ; il est professeur à la Faculté de théologie de l'Institut Catholique de Toulouse et recteur de cet Institut depuis 2004. Il a écrit notamment *Saint Paul, l'évangile de la liberté*, (Lethielleux/Parole et Silence, 2008).

Alain Decaux, membre de l'Académie française, historien, animateur de radio (*La Tribune de l'Histoire*) et de télévision (*Alain Decaux raconte*), membre depuis 1985 du Haut Conseil de la francophonie, il a été ministre de la Francophonie (1988 à 1991). Principaux ouvrages : *Victor Hugo*, *Histoire des Françaises*, *L'avorton de Dieu, une vie de saint Paul*, *La révolution de la Croix. Néron et les chrétiens*, et le spectacle *Jean-Paul II*, en collaboration avec Robert Hossein.

Chantal Delsol, membre de l'Institut, docteur ès-lettres en philosophie est professeur à l'université de Paris Est. Elle est également éditorialiste au *Figaro* et à *Valeurs actuelles*. Principaux ouvrages : *L'expédition Janus* (Le Rocher, 2008), *Qu'est-ce que l'homme ? Cours familier d'anthropologie* (Cerf) ; elle a codirigé la rédaction de l'ouvrage collectif *Liquider Mai 68* (Presses de la Renaissance). Elle est mère de six enfants.

Mgr Job Getcha, archimandrite, a fait ses études de théologie à Winnipeg (Canada), est docteur en théologie de l'Institut Saint-Serge et de l'Institut Catholique de Paris. Il est professeur d'histoire de l'Église et de liturgie à l'Institut Saint-Serge, et chargé d'un enseignement à l'Institut supérieur de liturgie de l'Institut Catholique de Paris. Il est membre du conseil de l'Archevêché des paroisses orthodoxes russes en Europe occidentale, du comité mixte de dialogue catholique-orthodoxe en France et du groupe de travail catholique-orthodoxe Saint-Irénée.

Éric Morin, prêtre du diocèse de Paris, bachelier de philosophie, docteur en théologie biblique, diplômé de l'École biblique et archéologique française, est, depuis 2003, curé de Saint-Jean-Baptiste de Belleville (19e). Il enseigne à l'École Cathédrale et à la Faculté Notre-Dame (Paris). Il a rédigé le guide de lectures proposé par les évêques d'Ile-de-France *Une année avec saint Paul*. Il est l'auteur de *Paul serviteur de notre joie* (Parole et Silence, 1999), et *Les Corinthiens face à l'oracle de la Nouvelle Alliance* (Études bibliques, Gabalda).

André-Marie Ponnou-Delaffon, prêtre du diocèse de Paris, membre de la communauté de l'Emmanuel, maître en philosophie et docteur en théologie, est curé de la paroisse Notre-Dame de Bercy. Il est professeur de philosophie moderne et de théologie fondamentale et dogmatique à la Faculté Notre-Dame. Principaux ouvrages, *La théologie de Balthasar*, (Parole et Silence, 2005) *Le chiffre trinitaire de la vérité chez Hans Urs von Balthasar*, (Parole et Silence, 2006) *Dieu Trinité dans la tradition ancienne* (Parole et Silence, 2008).

Cardinal André Vingt-Trois, archevêque de Paris, ordinaire des catholiques de rite oriental en France et président de la Conférence des évêques de France. Il a été créé cardinal par le pape Benoît XVI, le 24 novembre 2007, au titre de Saint-Louis-des-Français. Le cardinal Vingt-Trois est membre de la Congrégation pour les évêques, et du comité de présidence du Conseil pontifical pour la famille. Publications récentes : *La Famille, 15 questions à l'Église*, (Plon Mame, 2003), *Les signes que Dieu nous donne* (Parole et Silence, 2007) ; *Croire, espérer, aimer* (Presses de la Renaissance, 2007), *La liberté dans la foi* (France-Culture/L'Aube, 2008).

Histoire des conférences de Carême

En 1835, Frédéric Ozanam suggère à Mgr de Quelen, archevêque de Paris, d'inviter l'abbé Lacordaire à donner dans la cathédrale Notre-Dame de Paris ses « conférences » pour l'Avent et le Carême.

Elles eurent immédiatement un immense retentissement. Ozanam note un peu plus tard: « Il nous semblait assister à la résurrection religieuse de la société actuelle ». Pour s'adresser à l'ensemble de la société, Lacordaire et ses amis choisissent le titre alors nouveau de « conférences » plutôt que celui des « sermons » de Carême. À tous ses contemporains, quelle que fût leur position, Lacordaire parlait en témoin de la foi catholique dans les questions majeures que posait à la conscience humaine l'évolution de la société.

Les successeurs de Mgr de Quelen et de l'abbé Lacordaire se laissèrent guider par la même orientation dans le choix des thèmes des « conférences ».

Les conférences de Carême s'adressent à tous ceux qui viennent écouter le conférencier. En outre, la diffusion par France Culture, Radio Notre Dame, KTO élargit cette perspective: les conférenciers s'adressent à des croyants ou à des non-croyants (www.radionotre-dame.comet www.ktotv.com).

Un nouveau printemps pour l'Église

Le titre de « conférences », étonnamment moderne, est contemporain des « Conférences de charité », les Conférences de Saint-Vincent de Paul organisées par Ozanam et ses amis : à son époque, le catholicisme français redémarre avec un dynamisme éclatant, dans les années d'« un nouveau printemps pour l'Église », comme l'écrit l'historien Yves-Marie Hilaire. « Le souci d'une formation chrétienne, chez tous les jeunes gens qui retrouvent ou rejoignent l'Église, anime en profondeur les conférenciers depuis Lacordaire. »

Un millier de conférences depuis 1835

Jésuites et dominicains vont alterner dans ces conférences sacrées : le père Félix, s.j., de1853 à1870, le père Monsabré, op, de1872 à 1890. Le fondateur de l'Institut catholique, Mgr d'Hulst, les assure entre 1891 et 1896, puis les dominicains occupent le premier tiers du XXe siècle (avec l'interruption d'un oratorien, le père Sanson [1925-1927], dont les textes sont rédigés par son confrère, alors interdit de parole, le philosophe Laberthonnière). Ce fut ensuite le tour des jésuites (les pères Pinard de la Boullaye 1929-1937, Panici 1941-1945, Riquet). L'alternance des jésuites (Sintas, Thomas, Calvez) et des dominicains (Carré, Bro, Bruguès) a été reprise. Plus récemment, les conférences ont été prêchées par le père Armogathe, des archevêques des cinq continents à l'occasion du Jubilé de l'an 2000, le père Joseph-Marie Verlinde, le cardinal Poupard, les cardinaux des diocèses partenaires du Congrès international pour la Nouvelle Évangélisation (Lustiger, Schönborn, Erde, Policarpo, Danneels).

Une nouvelle dynamique depuis 2005

En 2005, les conférences ont pris la forme qui est la leur cette année d'un dialogue où la foi chrétienne et la pensée contemporaine s'expliquent l'une l'autre sur un grand sujet de société, ou sur une question intéressant la Foi.

En 2005 : *Foi et Raison*. Les conférences ont été confiées à Jean-Luc Marion, au père Frédéric Louzeau, à Marcel Gauchet, au père Antoine Guggenheim, à Marguerite Harl, à Philippe Sers, à Catherine Grenier, au père Patrick Faure, à Jean-Louis Chrétien et conclues par le cardinal Cottier.

En 2006 : *Voici l'homme*. Les conférences ont été confiées à Jean Vanier, Axel Kahn, Marguerite Lena, Michel Serres, Anne-Marie Pelletier, Julia Kristeva, au père Brice de Malherbe, à Marie de Hennezel, au père Henry de Villefranche, à Claude Vigée, et conclues par Mgr Pierre d'Ornellas.

En 2007 : *Qu'est-ce que la vérité ?* Les conférences ont été confiées à Pierre Manent, Michel Fédou, Philippe Boutry, Gérard Pelletier, Francis Balle, Bruno Frappat, Valère Novarina, Jérôme Alexandre, Monette Vacquin, Alain Mattheeuws et conclues par le cardinal André Vingt-Trois.

En 2008 : *Qui dites-vous que je suis ?* Les conférences ont été confiées à Mgr Jérôme Beau, Rémi Brague, Benoît Chantre, Maurice Godelier, Édouard Herr, Claude Lepelley, Jean de Loisy, Fabrice Midal, Rafic Nahra, François Villeroy de Galhau et conclues par le cardinal André Vingt-Trois.

Les conférences de Carême de Paris 2009 ont été diffusées en direct sur France Culture les dimanches, 1er, 8, 15, 22, 29 mars et 5 avril.

Table

our être informé des publications
des Éditions Parole et Silence et recevoir notre catalogue,
envoyez vos coordonnées à :

Éditions Parole et Silence
47, rue de Charenton
F - 75592 Paris cedex 12

ou

Le Muveran
CH - 1880 Les Plans sur Bex

paroleetsilence@omedia.ch

-------------✂---

Nom : . . . .
Prénom : . . . .
Adresse : . . . .
. . . .
Code postal : . . . .
Ville : . . . .
E-mail : . . . .
Téléphone : . . . .
Fax : . . . .

Je souhaite être informé(e) des publications
des Éditions Parole et Silence.

Composition et mise en pages réalisées par
Sud Compo - 66140 - Canet en Roussillon
463/2009

Achevé d'imprimer en avril 2009
sur les presses de la Nouvelle Imprimerie Laballery – 58500 Clamecy
Dépôt légal : avril 2009 Numéro d'impression : 904099
Imprimé en France

La Nouvelle Imprimerie Laballery est titulaire de la marque Imprim'Vert®